Köln

Marianne Bongartz

Inhalt

Das Beste zu Beginn

Kölsch-Kultur
Ein Besuch in der Domstadt ist nicht komplett, wenn Sie nicht ein Brauhaus von innen gesehen haben. Die meisten Touristen zieht es zum Früh am Dom. Keine Sorge, auch Kölner kehren in der Traditionsgaststätte ein. Mein Lieblingsbrauhaus ist allerdings das Päffgen (▶ S. 94) in der Friesenstraße. Sollten Sie kein Kölsch mögen, werden Sie diese Vorliebe kaum verstehen.

Köln aus der Vogelperspektive
Den großen Überblick verschafft natürlich die Aussicht vom Südturm des Doms (▶ S. 24) oder vom LVR-Turm (▶ S. 73). Sie können aber auch aufs oberste Deck des Kaufhof- oder Karstadtparkhauses steigen und ganz neue Einblicke gewinnen.

Von Ufer zu Ufer
Es gibt verschiedene Möglichkeiten, in Köln den Rhein zu queren. Sieben Brücken führen im Stadtgebiet von Ufer zu Ufer. Und während der Messezeiten pendelt in der Regel eine Fähre zwischen Altstadt und Deutz. Doch die schönste Art der Flussüberquerung ist eine Fahrt mit der Kölner Seilbahn (▶ S. 69) vom Zoo hinüber in den Rheingarten oder umgekehrt – Fernsicht inklusive.

In die Pedale treten
Die meisten Kölner Sehenswürdigkeiten liegen in fußläufiger Entfernung von Hauptbahnhof und Dom. Wer von den üblichen Touristenrouten abweichen und die Rheinufer oder die Grüngürtel erkunden möchte, sollte aufs Rad steigen. Die Ausleihe (▶ S. 112) ist ganz simpel.

meet & eat
Immer donnerstags ab 16 Uhr findet auf dem Rudolfplatz ein kulinarischer Markt (https://meet-and-eat.koeln/) statt, der mehr bietet als Reibekuchen, Bratwurst und Fritten. Aber auch die gibt es hier in erstklassiger Qualität. Und dazu entspannte Feierabendstimmung.

Köln vom Wasser aus

Selbst eilige Reisende sollten sich das Vergnügen einer Rheintour nicht entgehen lassen. In der Saison starten mehrmals täglich Boote am Altstadtufer zu etwa ein- oder zweistündigen Rundfahrten (▶ S. 112). Dabei haben Sie die Wahl, rheinab oder rheinauf zu schippern. Mich zieht es eher nach Süden.

Sightseeing am Montag

Es ist Montag und obendrein regnet es. Da böte sich doch ein Museumsbesuch an. Pech! Die städtischen Museen sind montags geschlossen. Aber z. B. das Kolumba ist geöffnet, Dom und Kirchen natürlich auch. Oder Sie relaxen in der Claudius Therme (▶ S. 74) mit Blick auf den Dom.

R(h)einschauen

Nehmen Sie Platz im größten Freilufttheater Kölns, dem Rheinboulevard (▶ S. 71). Seine Bühne ist der Fluss, seine Kulisse ist die Altstadt. Das Stück, das gespielt wird, kennt keine Pausen: das Kommen und Gehen auf den Stufen, das Auf und Ab der Schiffe auf dem Fluss, Wellenschlag und Wolkentreiben, bei Dunkelheit dann das Funkeln der Lichter.

R(h)einlesen

Seit 2000 hat Köln sein eigenes Literaturfestival. Aber auch außerhalb der lit.COLOGNE haben Literaturveranstaltungen – ob Lesungen, Podiumsdiskussionen oder Poetry Slam – ihren festen Platz in der Domstadt (https://literaturszene-koeln.de), wozu nicht zuletzt auch das Literaturhaus (https://literaturhaus-koeln.de) mit beiträgt.

Ich bin zwar keine waschechte Kölnerin, immerhin aber Rheinländerin und lebe seit dem Studium in der Domstadt. Auch wenn mir der Kölner Lokalpatriotismus oft zu weit geht und Köln sicherlich keine Schönheit ist, so ist es für mich doch einer der liebenswertesten Orte der Welt. Das liegt nicht zuletzt an der lässigen Lebensart der Kölner.

Fragen? Erfahrungen? Ideen?

Ich freue mich auf Post.
Ihre Marianne Bongartz

Mein Postfach bei DuMont:
m.bongartz@dumontreise.de

Das ist Köln

Köln-Besucher sollten mit der Bahn anreisen, nicht nur der Umwelt zuliebe und wegen der oft chaotischen Verkehrssituation. Der Zug rollt nämlich mitten ins Herz der Stadt und entlässt Reisende gleich neben dem majestätischen Dom. Bei der Fahrt über die Hohenzollernbrücke in den Hauptbahnhof können sie schon hier einen Blick auf den Rhein sowie auf Kölns berühmte Silhouette mit der Doppelturmspitze des Doms, Museum Ludwig, Ratsturm und Groß St. Martin erhaschen und im Süden die modernen Kranhäuser im Rheinauhafen erspähen. All diese Sehenswürdigkeiten sind vom Bahnhof aus bequem zu Fuß zu erreichen. Wer sich dabei ein wenig treiben lässt, wird zwangsläufig mit den kontaktfreudigen Einheimischen ins Gespräch kommen – denn Köln will erlebt werden.

›Jeder Jeck ist anders‹

Seit seinen Anfängen als römische Garnisonsstadt haben sich in Köln Menschen unterschiedlicher Herkunft niedergelassen: Beamte aus Rom, Veteranen aus Nordafrika und von der Iberischen Halbinsel, Kaufleute aus der Levante. Mit Germanen und Kelten haben sie sich zum *homo coloniensis* gemischt. Im Mittelalter zog es Händler und Pilger aus dem gesamten christlichen Abendland an den Rhein. In der Neuzeit hinterließen die französischen Besatzer ihre Spuren. 1960 schließlich trafen die ersten italienischen Gastarbeiter in Köln ein. Heute besitzt etwa ein Fünftel der eine Million Einwohner keinen deutschen Pass. Über 400 000 Menschen mit Migrationshintergrund leben in der Stadt. Gerne schmückt sich Köln mit seinem multikulturellen Flair und seiner Weltoffenheit. Böse Zungen behaupten allerdings, dass die sprichwörtliche Toleranz des Kölners im Grunde ein ausgeprägtes Desinteresse an den Mitmenschen widerspiegelt.

Das rheinische Grundgesetz

Ein Grundzug der kölschen Mentalität ist ein gewisser Fatalismus, der sich im alltäglichen ›*Et es, wie et es.*‹ (Es ist, wie es ist.) äußert. Dabei weiß der Kölner sich in jeder Lebenslage – sei es bei der Besetzung der Stadt durch die Franzosen oder beim Abstieg des 1. FC Köln – mit einem ›*Et kütt, wie et kütt.*‹ (Es kommt, wie es kommt.) zu trösten, beweist ihm doch die wechselhafte Geschichte seiner Heimatstadt: ›*Et es noch immer jot jejange.*‹ (Es ist immer gut gegangen.). Damit sind bereits die drei ersten und wichtigsten Artikel des rheinischen Grundgesetzes genannt, das selbst in der Katastrophe, beispielsweise beim Einsturz des Stadtarchivs, ein lapidares ›*Wat fott es, es fott.*‹ (Was weg ist, ist weg.) bereithält. Übrigens fasste der Südtiroler und Wahlrheinländer Konrad Beikirchner diese Wesenszüge des Kölners in einem Kabarettprogramm und einem Buch sehr anschaulich zusammen.

Der Kölner und seine Veedel

Das *Veedel* (Viertel) vermittelt dem Kölner Heimatgefühl – hier lebt er inmitten der Großstadt in fast kleinstädtischer Geborgenheit. Man kennt den Nachbarn, plaudert am Büdchen (dem Kiosk), holt sich auf dem Wochen-

Müßiggang an der Aachener Straße – allem Verkehrslärm zum Trotz.

markt frisches Gemüse und pilgert abends in die Stammkneipe an der Ecke. Ob gebürtiger oder ›imitierter‹ Kölner – das sind die Zugezogenen, die Imis – aus seinem angestammten Viertel zieht man nur schweren Herzens weg.

Eventstadt am Rhein

Ansteckend ist die ungebremste Lebenslust der Kölner, die alljährlich im Karneval ihren Höhepunkt erlebt. Aber auch außerhalb der Session treibt der rheinische Frohsinn seine Blüten: Ob Christopher Street Day oder Gamescom, ob Jeck im Sunnesching oder Veedelsfest – in Köln wurde noch nie eine Gelegenheit zum Feiern ausgelassen. Ein Happening jagt das nächste, und durchweg sind sie alle gut besucht. Größten Zuspruch finden dabei farbenfrohe Umzüge, deren spektakulärster der Rosenmontagszug ist. Die lässige Lebensart und die unbeschwerten Feste haben Köln wohl zu Recht den Beinamen ›nördlichste Stadt Italiens‹ eingetragen.

Stadt der Baustellen

In Köln wird immerzu gebaut. Schließlich war die Stadt bei Kriegsende zu 70 % zerstört und beim zügigen Wiederaufbau wurde viel improvisiert. Ein städtebauliches Gesamtkonzept fehlt allerdings bis heute. Aktuell ist vor allem Kölns historische Mitte rund um Dom und Rathaus mit Baustellen gespickt und von Verwahrlosung bedroht. Jahrzehntelanger Schlendrian und der berüchtigte Klüngel, Sanierungsstau, dilettantisches Baumanagement und regelmäßig explodierende Baukosten haben zu dieser Misere geführt. Auch erschweren Bodenfunde aus Kölns reicher Geschichte die Stadtentwicklung und lassen jedes Bauvorhaben zum Pokerspiel werden. Grund genug, um z. B. die längst überfällige Umgestaltung des Neumarkts zu einem attraktiven Stadtplatz immer wieder zu vertagen. Und die Einrichtung autofreier Flanierzonen wird dermaßen halbherzig angegangen, dass alle von vornherein zum Scheitern verurteilt sind. So weht stets ein Hauch von Provinz durch die Straßen der Millionenmetropole.

Köln in Zahlen

3

Heilige Könige werden im Dom verehrt. Drei närrische Regenten haben im Karneval das Sagen.

4

Domkloster – so lautet die offizielle Anschrift des Kölner Doms.

11,30

Meter kann der Kölner Pegel anzeigen, bevor der Rhein in die Altstadt schwappt.

12

große Kirchenbauten im Stil der Romanik begründeten im Mittelalter den Ruhm des ›hillije Kölle‹.

40

Kilometer fließt der Rhein durch Kölner Stadtgebiet und erreicht hier eine Breite von 520 Metern.

5

Jahreszeiten kennt man in Köln, wobei die fünfte ein Lebensgefühl zum Ausdruck bringt.

7

Brücken queren den Rhein im Stadtgebiet.

11

Flammen im Stadtwappen stehen für die gemarterten 11(000) Jungfrauen der hl. Ursula. Zugleich ist es die Zahl der Jecken: Am 11.11. um 11 Uhr 11 beginnt die Karnevalssession.

38

Stunden und mehr verbringen Autofahrer in und um Köln pro Jahr im Stau. Gefühlt dauert der Stillstand weitaus länger. Ein guter Grund, aufs Rad umzusteigen.

118,04

Meter über dem Meeresspiegel misst Kölns höchster Punkt, der Monte Troodelöh im Königsforst, der Pegel in der Altstadt liegt bei 53 Metern.

170
Kilometer misst der Kölnpfad, auf dem Sie die Stadt in elf Etappen umwandern können.

29 000
mal Halven Hahn verkauft das Früh am Dom im Jahr.

200
Milliliter fasst ein Kölschglas, im Süden Deutschlands als Reagenzglas verpönt.

24 000
Kilogramm wiegt die größte Domglocke, der ›Decke Pitter‹.

300
Tonnen Kamelle (Bonbons) prasseln beim Rosenmontagszug aufs jecke Volk nieder.

454
Zimmer hat das Maritim Hotel, so viele wie keine andere der ca. 300 Kölner Herbergen.

30 000 000
Kubikmeter Trümmer dienten nach Kriegsende zur Modellierung der Grünflächen, so entstand u. a. der ›Monte Klamotte‹ (Herkulesberg) an der Inneren Kanalstraße.

2000
Jahre Stadtrecht feiert Köln 2050, von den Römern gegründet wurde es bereits 19 v. Chr., wenn nicht sogar 38 v. Chr.

Was ist wo?

Das Kölner Stadtgebiet erstreckt sich zu beiden Seiten des Rheins, wobei der historische Stadtkern und die Ende des 19. Jh. gebaute Neustadt die linke Flussseite halbkreisförmig umschließen. Hier liegen die Top-Sehenswürdigkeiten sowie Geschäfts- und Ausgehviertel. Doch lassen Sie Deutz nicht rechts liegen. Es hat mehr zu bieten als den Blick über den Fluss auf die prominentere Stadthälfte.

Altstadt

Die sogenannte Altstadt zwischen **Rheingarten, Dom** und **Rathaus** mit ihren urigen Brauhäusern, Kneipen und Restaurants ist das von Touristen meist besuchte Viertel Kölns. Seinen Kern bilden die romanische Kirche **Groß St. Martin** und der **Alter Markt** (🕮 E 5). Hier haben nur wenige historische Gebäude die Bombenangriffe während des Zweiten Weltkriegs überstanden. Beim Wiederaufbau wurde der mittelalterliche Charakter des Viertels mit engen, kopfsteingepflasterten Gassen und schmalen Hausfassaden rekonstruiert. Zahlreiche Baustellen vermindern die Attraktivität der Altstadt derzeit erheblich.

City

Der Bereich zwischen Hohe Straße und Rudolfplatz sowie zwischen Zeughaus und Cäcilienstraße stellt die Kölner City dar. Ihr Mittelpunkt ist der **Neumarkt** (🕮 D 6). **Hohe Straße, Schildergasse** und **Breite Straße** bilden die zentrale Fußgängerzone mit Warenhäusern, Flagship-Stores bekannter Marken und Boutiquen. Tagsüber drängeln sich hier Kauflustige, mobile Händler und Straßenkünstler. Am Abend kehrt Ruhe ein, weil die meisten Cafés und Lokale zur gleichen Zeit wie die Läden schließen. Das kulturelle Kontrastprogramm zum Shoppingbummel bieten einige Museen.

Eigelsteinviertel

Das Quartier rund um die **Eigelsteintorburg** (🕮 E 3), das nördliche mittelalterliche Stadttor, zählte schon immer zu den lebendigsten Kölns. In der Antike war der Eigelstein die Verlängerung des *cardo maximus* (heutige Hohe Straße) und Teil der wichtigsten Nord-Süd-Verbindung durch das Römerlager. Heute vermischt sich hier urkölsche Lebensart mit mediterranem und orientalischem Flair.

Friesenviertel

Das einstige Milieuviertel im Westen der Innenstadt zählt wegen seiner abwechslungsreichen Gastroszene rund um die **Friesenstraße** (🕮 C 5) zu den begehrten Stadtteilen. Seine Gentrifizierung wurde durch die Schaffung exklusiven Wohnraums im monumentalen und denkmalgeschützten Gerlingkomplex aus den 1950er-Jahren weiter vorangetrieben.

Severinsviertel

Der dritte Bischof der Stadt namens Severin, auf Kölsch *Vrings,* gab nicht nur dem Stadtteil seinen Namen, auch die romanische **Severinskirche** (🕮 E 8) ist ihm geweiht und die seit römischen Tagen zentrale Achse heißt selbstverständlich **Severinstraße.** Sie ist inzwischen verkehrsberuhigt und gewinnt zunehmend an Attraktivität.

Neustadt

Nach dem Abriss der mittelalterlichen Stadtmauer wuchs ab 1881 auf dem Areal vor der Befestigung die Neustadt. Das **Agnesviertel** (🕮 E 2/3) im Norden, ein nahezu intaktes Gründerzeitviertel, wird durch das Gerichtsgebäude am Reichensperger Platz geprägt. Weiter südlich entstand auf dem Gelände eines ehemaligen Rangierbahnhofs der **MediaPark** (🕮 C 3/4) als neuer Stadtteil. Das **Belgische Viertel** (🕮 B 5/6) zwischen Aachener und Venloer Straße ist mit Kneipen und Restaurants, Designläden und Modegeschäften *der* Treffpunkt der Szene. Im **Univiertel** (🕮 A/B 7/8) tobt sich das junge Partyvolk oft ungehemmt aus und hat das nach dem großen Pariser Vorbild benannte *Kwartier Latäng* in Verruf gebracht. Durch die **Südstadt** (🕮 C–F 9/10) mit ihrer legendären Kneipenlandschaft weht nach dem Ausbau des **Rheinauhafens** (🕮 F 6–9) zu Kölns neuer Schauseite am Fluss ein frischer Wind.

Deutz

Erst 1888 gelang es, das rechtsrheinische Deutz ins Kölner Stadtgebiet einzugliedern. Bekannt ist die viel geschmähte *schäl Sick* (schielende Seite) als Standort der **Koelnmesse** (🕮 G/H 3/4). Mit **Lanxess Arena** (🕮 H 5), **LVR-Turm** (🕮 F/G 5) und **Rheinboulevard** (🕮 F 5) avancierte sie zum neuen Vorzeigeviertel am rechten Flussufer.

Keineswegs Randlagen

Seit Ende des 19. Jh. gehören auch die Viertel außerhalb der Inneren Kanalstraße zum Stadtgebiet. **Riehl** im Norden lockt mit Zoo und Botanischem Garten ins Grüne. Die ehemaligen Arbeitervororte **Nippes** und **Ehrenfeld** mutierten zu In-Vierteln mit multikulturellem Flair und einer alternativen Gastroszene. **Lindenthal** präsentiert sich mit Universität und weitläufigen Parks als Stadtteil der Akademiker und betuchteren Schichten. **Sülz** und **Klettenberg** entwickelten sich zu Beginn des 20. Jh. zu Handwerker- und Wohnvierteln, in denen es sich gut leben lässt. Im Kontrast dazu stehen **Marienburg** und **Hahnwald,** die im Kölner Süden am Rhein gelegenen Villengebiete. Einen Wandel durchlaufen derzeit die rechtsrheinischen ehemaligen Industriestandorte **Kalk** und vor allem **Mülheim,** das als Interimsspielstätte des Kölner Schauspiels von sich reden macht.

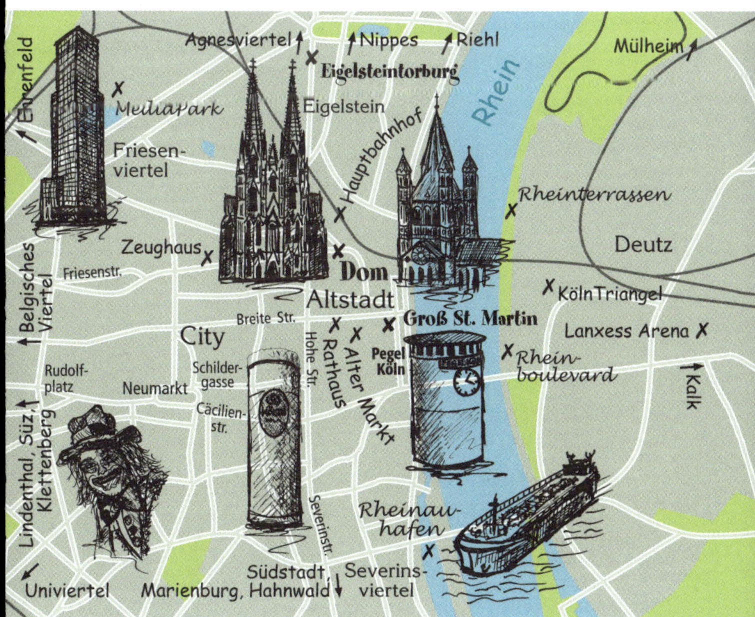

Augenblicke

Magisch – im Abendlicht

Wenn ein klarer Frühlingstag in Köln zu Ende geht, dann ist es höchste Zeit, am Deutzer Rheinufer Position zu beziehen. Die Sonne schickt letzte Strahlen durch das durchbrochene Spitzenwerk der Domtürme und zaubert Lichtreflexe auf die stählernen Bögen der Hohenzollernbrücke. Gegen den milchig blauen Abendhimmel zeichnen sich die Silhouetten von Brücke und Türmen mit jedem Moment klarer ab. Lichter am Ufer blitzen auf, die Nacht bricht herein.

PEGEL

Wachsam – Kölner Pegel

Vor fast 2000 Jahren gaben sich Vater Rhein und Mutter Colonia das Ja-Wort. Der Fluss hat zum Wohlergehen der Stadt erheblich beigetragen, hat aber auch schon verheerende Schäden angerichtet. Wie es um die Beziehung des Paares steht, darüber gibt der Kölner Pegel Auskunft. Mit stoischer Gelassenheit erträgt er das Auf und Ab der Fluten, und schon manches Mal hat das dicke, zylinderförmige Häuschen nasse Füße bekommen.

Jeck drauf – im Geisterzug

Den Kölner Karneval feiern nicht nur Lappenclowns mit Pappnas, Gardeoffiziere und Tanzmariechen, auch die Geister ziehen mit Ätzebär & Co. durch die Straßen. Gemeinsam ist allen der ›Spass an d'r Freud‹. Den offiziellen Karneval mit närrischen Regenten, Uniform und Umzug führten die Preußen ein, aber das anarchische Treiben macht bis heute den Reiz des Festes aus.

Ihr Köln-Kompass

#1
Kölns Markenzeichen – **der Dom**

#2
Von Dionysos zur Pop Art – **Kölns Historische Mitte**

#3
Kölner Histörchen – **im Martinsviertel**

OHNE KUNST IST ALLES NICHTS

TÜNNES UN SCHÄL

Himmelstürmer

WOMIT FANGE ICH AN?

Erholen am Strom

MEHR ALS DER BESTE KÖLNBLICK

ÜBER DEN RHEIN SCHWEBEN

Irgendwa mit Medien

#15
Hol über Fährmann! – **Radtour rheinauf und rheinab**

#14
Schäl Sick ist schick – **am Rheinufer in Deutz**

#13
Grüne Vielfalt – **im Kölner Norden**

#12
Rund um die Piazza – **der MediaPark**

#4

Immer bei der Stange bleiben – **ein Brauhaus-Bummel**

#5

Starke Bürger – **rund um das Rathaus**

#6

Vom Rhein in die Südsee – **das Kulturquartier**

#7

Ein dunkles Köln-Kapitel – **Besuch im EL-DE-Haus**

#8

Geschätzte Stadtpatrone – **St. Gereon und St. Ursula**

#9

Flanieren am Strom – **im Rheinauhafen**

#11

Kölns kreatives Quartier – **das Belgische Viertel**

#10

Kölnkosmos – **die Südstadt**

Kölns Markenzeichen – der Dom

Der Kölner Dom ein Meisterwerk der Gotik? Stimmt – und ist dennoch eine Täuschung. Denn die weltbekannte Doppelturmspitze strebt erst seit 1880 in den Himmel über Köln. Dass der Dom 632 Jahre nach Grundsteinlegung in stilreiner Gotik vollendet werden konnte, dazu trugen der unermüdliche Sulpiz Boisserée, aber auch maßgeblich der Zufall bei.

Als Erzbischof Reinhold von Dassel die Gebeine der Heiligen Drei Könige in Mailand ›raubt‹ und 1164 nach Köln überführt, genügt der Alte Dom bald nicht mehr der stetig wachsenden Zahl an Pilgern. So beschließt das Domkapitel, für die heiligen Gerippe eine prächtige neue Grabeskirche zu errichten. Am 15. August 1248 legt Erzbischof Konrad von Hochstaden ihren Grundstein.

Auf der Domplatte vor dem Hauptportal der Kathedrale reißt der Strom der Passanten und Schaulustigen nie ab.

Teufelswerk

Als oberster Baumeister wird ein gewisser Gerhard verpflichtet, der bei den großen gotischen Kathedralbaustellen in Frankreich Erfahrung gesammelt hat. Er entwirft ein ambitioniertes Gebäude, dessen gewaltige Dimensionen seine französischen Vorbilder sprichwörtlich in den Schatten stellt: 144,58 m Gesamtlänge, 86,25 m Gesamtbreite des Querhauses, 61,10 m Höhe des Dachfirstes. Das ehrgeizige Projekt entfacht, so heißt es, sogar den Neid des Teufels. Er wettet um Gerhards Seele, dass er eine Wasserleitung aus den Hügeln der fernen Eifel nach Köln baue, bevor der Baumeister sein Projekt vollenden könne. Als Gerhard eines Abends ganz oben auf dem Domgerüst steht, hört er unter sich Enten in einem Bach schnattern. Die Wette ist verloren! Voller Verzweiflung stürzt sich der Baumeister in die Tiefe, ihm auf den Fersen der Teufel in Gestalt eines Höllenhundes.

Ein steinerner Wald

Aber nicht allein aufgrund seiner Maße gilt der Kölner Dom als Höhepunkt gotischer Kathedralbaukunst. Seine festen Mauern scheinen sich in den insgesamt ca. 10 000 m² großen Fensterflächen nahezu aufzulösen. Stabilität verleiht dem Bau ein kompliziertes Strebewerk. Dessen filigrane Formenvielfalt macht es jedoch unmöglich, stützende Wände und Pfeiler von frei stehendem, dekorativem Maßwerk zu unterscheiden. Etwa 9000 schlanke, spitze Fialen, Türmchen und Zinnen bilden an den Seiten und vor allem rund um den **Chor** 1 einen lichten steinernen Wald und verleihen dem mächtigen schwarzen Baukörper eine gewisse Leichtigkeit und Verspieltheit.

Die **Westfassade** 2 wirkt dagegen mit ihrer klaren Gliederung fast streng, obwohl die Helme der 157,38 bzw. 157,31 m aufragenden Türme ganz von Maßwerk durchbrochen sind. Mit 7000 m² Fläche ist sie die größte Kirchenfassade, die jemals erbaut wurde. Drei **Portale,** die von mannshohen Steinfiguren flankiert und von detailreich gearbeiteten Giebeln mit Tympana bekrönt werden, geben Zugang zur Hohen Domkirche St. Petrus, so der offizielle Name der Kathedrale. Dem Kirchenpatron ist das rechte **Petersportal** (um 1370–80), den Weisen aus dem Morgenland das linke **Dreikönigenportal** (19. Jh.) gewidmet.

Um ein Haar wäre der Kölner Dom ein echter Preuße geworden. Da die mittelalterlichen Baupläne verschollen waren, schwebte Karl Friedrich Schinkel vor, die Kathedrale im Stil der neuen Zeit zu vollenden. Aber wie heißt es in Köln: *»Et es noch immer jot jejange«*. So findet sich 1814 auf dem Speicher eines Darmstädter Wirtshauses der mittelalterliche **Aufriss des Nordturms.** Und zwei Jahre später treibt Sulpiz Boisserée in Paris zufällig die **Skizze des Südturms** auf. Die beiden Pergamentzeichnungen aus der Zeit um 1300 hängen in der Johanneskapelle des Chorumgangs – meist verborgen hinter einem grünen Vorhang.

Mit 7000 m² Fläche bricht die Westfassade des Doms alle Rekorde in der Kirchenarchitektur.

Aus Licht gebaut

Im Innern der Kathedrale lenkt das nur 12,50 m breite, aber 120 m lange und 43 m aufragende Mittelschiff den Blick unwillkürlich in die von farbigem Licht durchflutete Höhe. Das gesamte Bauwerk scheint aus Fenstern und Bündelpfeilern zu bestehen. Das **Westfenster** der Turmfassade, es zeigt das jüngste Gericht, beeindruckt vor allem durch seine Größe. Die Glasgemälde in den Seitenschiffen – rechts die **Bayernfenster** (19. Jh.), links u. a. **Geburt-Christi-Fenster** und **Anbetungsfenster** (1507–09) – imponieren durch Brillanz und handwerkliche Perfektion. Die **Königsfenster** (um 1311) im Domchor gelten mit 850 m² Gesamtfläche als größter Glasmalereizyklus des 14. Jh. in Europa, überdies sind sie zu über 95 % original erhalten. Noch romanisch geprägt ist das **Ältere Bibelfenster** (um 1260/61). Dieses älteste Domfenster befindet sich in der Dreikönigenkapelle des Chorumgangs. Das jüngste Domfenster schuf Gerhard Richter 2007 für das **Südquerhaus** aus 11 263 Antikglasquadraten in 72 unterschiedlichen Farbtönen.

Kunststätte und Bethaus

Etwa 6 Mio. Menschen besuchen jährlich die Kathedrale, die 1996 ins UNESCO-Welterbe aufgenommen wurde. Früh am Morgen aber kön-

INFOS/ÖFFNUNGSZEITEN

Kölner Dom: Domkloster 4, www.koelner-dom.de, geöffnet 6–20 Uhr, Besichtigung Mo–Sa 10–17, So 13–16, Turmhalle nach der Abendmesse bis 20 Uhr, Gottesdienste Mo–Sa 6.30, 7.15, 8, 9, 18.30, So 7, 8.30, 10,12, 17, 19 Uhr

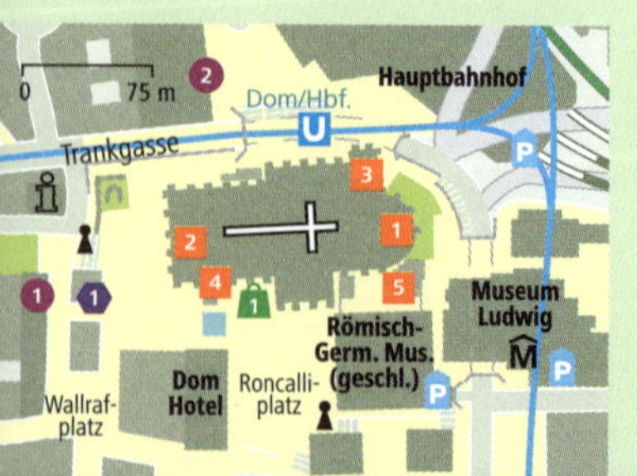

KULINARISCHES FÜR ZWISCHENDURCH

Auf der Terrasse des **Café Reichard** ❶ (Unter Fettenhennen 11, tgl. 8.30–19 Uhr) können Sie über einen großen Berg Sahne hinweg den Dom bewundern. Wenn Ihnen ein guter Kaffee reicht, dann gehen Sie zu **Galestro** ❷ auf dem Bahnhofsvorplatz (Mo–Sa 7.30–21, So 10–20 Uhr).

DOM FÜR ZU HAUSE

Wer ein Souvenir im **Domkloster4** (Roncalliplatz, www.domkloster4.de, Mo–Sa 10–19, So 11–19 Uhr) kauft, unterstützt die stetig notwendige Restaurierung der Kathedrale. Den Dom gibt es hier in zigfacher Ausführung.

Cityplan: Karte 2, E 5 | **U-/S-Bahn:** Dom/Hbf

Ob gläubig oder nicht, Katholik oder Atheist – im Dom zünden viele ein Kerzchen an und halten Zwiegespräch mit ihrem Gott oder dem Schicksal.

nen Sie die einzigartige Atmosphäre des Gotteshauses erleben, wenn nur einige Gläubige auf ein kurzes Gebet einkehren oder um eine Kerze anzuzünden. Die Andachtsruhe ist dabei zu respektieren.

Hauptattraktion des Doms ist selbstverständlich der **Dreikönigenschrein,** dessen fein gearbeitete und mit Edelsteinen verzierte goldene Hülle im Dunkel des Hochchors schimmert. Der größte Reliquiensarkophag Europas wurde 1181 von Nikolaus von Verdun entworfen und 1225 vollendet. Dieses schönste Zeugnis der rheinisch-maasländischen Goldschmiedekunst können Sie aber nur bei speziellen Führungen aus der Nähe bewundern. Dabei entdecken Sie auch das reiche Schnitzwerk des **Chorgestühls** (1308–11), mit 104 Plätzen das größte in Deutschland, sowie die **Chorschranken** mit einem original erhaltenen Bilderzyklus (um 1322–40) der Kölner Malerschule.

Unter den vielen Kunstwerken im Dom verdienen einige besondere Beachtung, vor allem der **Clarenaltar** (1360) im nördlichen Seitenschiff, die mit Schmuck behangene **Gnadenmadonna** im Querhaus oder das **Gero-Kreuz** (ca. 976) in der Kreuzkapelle des Chorumgangs – die älteste erhaltene Großplastik des Abendlandes. Als Meisterwerk der mittelalterlichen Kölner Tafelmalerei gilt der **Altar der Stadtpatrone** (um 1445). Er kann in der Marienkapelle betrachtet werden, ebenso wie die fein geschnitzte hochgotische **Mailänder Madonna.**

Der Anfang vom Ende

Der **Chorumgang** mit den sieben **Chorkapellen** ist der älteste Teil des Doms und seit der Grundsteinlegung 1248 unverändert erhalten. Um 1300 – auf Dombaumeister Gerhard waren inzwischen Arnold und dessen Sohn Johannes gefolgt – ist der **Chor** vollendet und eine Mauer schließt ihn

▶ INFOS

Eine Oase der Ruhe im Gewusel vor dem Dom finden Sie im **Domforum** 1 (Domkloster 3, T 0221 92 58 47 30, www.domforum.de, Mo–Sa 9.30–17, So 13–17 Uhr). Zugleich dient es als Infostelle der Kirche und organisiert die öffentlichen **Führungen** durch den Innenraum der Kathedrale (mind. 2x tgl., Termine s. Website, 45 Min., 10 €, erm. 8 €). Sonderführungen, z. B. hinab in die Ausgrabungen, über die Domdächer oder zu den Glocken, können Sie unter www.domfuehrungen-koeln.de buchen (jeweils 1,5–2 Std., 20 €).

im Westen zur Kathedralbaustelle hin ab. Am 27. September 1322 erfolgt die Weihe des Chores. Um 1350 werden die Fundamente für die Westfassade gelegt. Doch nun verzögern sich die Arbeiten immer mehr. Der **Südturm** wächst bis zum dritten Geschoss; der **Nordturm** kommt nicht einmal über die Sockelzone hinaus. Um 1560 werden die Arbeiten schließlich eingestellt. Jahrhundertelang ist der Baukran auf dem unvollendeten Südturm das Wahrzeichen der Stadt. Die französischen Revolutionstruppen entweihen 1794 die Kathedrale und nutzen sie u. a. als Lagerhaus.

Trotz des jämmerlichen Bildes, das der Dom und seine Umgebung zu Beginn des 19. Jh. bieten, keimt unter den Romantikern neue Begeisterung für die gotische Ruine auf. Besonders vehement setzt sich der junge Kölner Kunstsammler Sulpiz Boisserée für die Wiederaufnahme der Bauarbeiten ein. Er findet schließlich in Friedrich Wilhelm IV. einen mächtigen Fürsprecher. Die Vollendung des Doms wird zur nationalen Tat erklärt. 1842 legt der Preußenkönig den Grundstein zum Weiterbau, und bereits am 15. Oktober 1880 kann der Dom geweiht werden. Doch nur wenige Jahre später beginnt die unendliche Geschichte seiner Restaurierung. Sollte der Dom jemals fertig werden, so sagt man in Köln augenzwinkernd, dann geht die Welt unter.

Am Dom nagt der Zahn Zeit. Witterung und Umwelteinflüsse zerstören nicht nur das plastische Werk, sondern fressen auch Löcher in die Quader des Strebewerks. Alle schadhaften Steine werden von der Dombauhütte 5 nach und nach ausgewechselt – auch die über 1200 Skulpturen am Außenbau. Einige Originalfiguren präsentiert das Diözesanmuseum. 34 Archivolten- und fünf Gewändefiguren des Petersportals werden in der sogenannten Modellkammer im zweiten Obergeschoss des Nordturms aufbewahrt. (Derzeit ist der Durchgang zwischen Dom und Römisch-Germanischen Museum durch Bauzäune versperrt, sodass Sie nicht einmal einen kurzen Blick der Dombauhütte erhaschen können.)

UM DIE ECKE

Die **Domschatzkammer** 3 (tgl. 10–18 Uhr, 7 €, erm. 3,50 €) birgt nicht nur kostbare Kirchenkunst, sondern gibt zugleich Einblick in die unterirdischen Domgewölbe. Am Mauerwerk erkennt selbst der Laie, dass der Dom im Norden auf der alten römischen Stadtmauer fußt. Auch der Weg hinauf auf die Domspitze führt zunächst einmal in die Tiefe. Unter dem Roncalliplatz wurde durch die Fundamente des Südturms der spektakuläre Zugang zur **Turmbesteigung** 4 (tgl. Mai–Sept. 9–18, März, April, Okt. 9–17, Nov.–Feb. 9–16 Uhr, 6 €, erm. 3 €) gebohrt. Eine enge steinerne Wendeltreppe schraubt sich himmelwärts. Auf halbem Weg liegt die Glockenstube. Letzte Hürde für Besucher mit Höhenangst ist eine offene Eisentreppe. Insgesamt sind es 533 Stufen! Doch die fantastische Aussicht lohnt die Anstrengung allemal.

Von Dionysos zur Pop Art – **Kölns Historische Mitte**

Von römischen Mosaiken zu den Bilderwelten der Moderne müssen Sie in Köln üblicherweise nur wenige Schritte machen. Das Römisch-Germanische Museum und das Museum Ludwig schlagen spielend den Bogen über die Jahrhunderte. Die Architektur des RGM erwies sich allerdings als weniger robust als seine Exponate und ist bis auf Weiteres ein Sanierungsfall.

Sobald in Köln gebaut wird, kommt Römisches zutage. So auch bei der Anlage des Dombunkers im Kriegsjahr 1941: ein 75 m^2 großes Fußbodenmosaik aus der zweiten Hälfte des 3. Jh. Es war dem Gott Dionysos gewidmet und einst Zierde einer antiken Prunkvilla. Mehrfarbiges Granitpflaster zeichnet auf dem Roncalliplatz das schachbrettförmige römische Straßennetz und die Bebauung nach.

Kontrastreich – der geradlinige Baukörper des Römisch-Germanischen Museums vor der vielgliedrigen Kathedrale

In Köln vermitteln sogar Parkhäuser Einblicke in die Stadtgeschichte. So können Sie in der Tiefgarage am Dom die Fundamente des **römischen Nordtors** und der angrenzenden Stadtmauer entdecken. In einem Mauerstück klafft ein Riss, der gemeinhin als **Annoloch** bekannt ist. Als die Kölner 1074 gegen den verhassten Erzbischof Anno II. rebellierten, soll dieser just durch diese Lücke das Weite gesucht haben. Er kehrte mit Verstärkung zurück und nahm furchtbare Rache. 200 Jahre später allerdings befreiten sich die Kölner in der Schlacht von Worringen endgültig vom erzbischöflichen Joch.

Schatzsuche in der Baustelle

Der Fund neben dem Dom war so einzigartig, dass er 1974 mit dem **Römisch-Germanischen Museum (RGM)** 1 ummantelt wurde. Das flachgestreckte zweigeschossige und betont schlichte Ausstellungsgebäude nach Plänen des Architektenteams Röcke und Renner akzentuiert die Horizontale und vermeidet so die Konkurrenz mit der hoch aufstrebenden, vielgliedrigen Architektur des Doms. Sein besonderer Clou ist die große Glasfront zum Roncalliplatz, die freien Blick auf das **Dionysos-Mosaik** und das dahinter turmhoch aufragende **Poblicius-Grabmal** geben soll. Doch während der skandalös langen Schließung des Museums zwecks Sanierung sind von diesen beiden unangefochtenen Glanzlichtern des RGM – wenn überhaupt – nur Fotos in Originalgröße zu sehen. Zumindest werden die römischen Prunkgläser, darunter der berühmte Diatretbecher, sowie der Schmuck aus der Zeit der Völkerwanderung im Interim, dem **Belgischen Haus** am Neumarkt, ansprechend präsentiert. Und wer den Römern ein wenig nachspüren möchte, erreicht über die Treppe rechts neben dem Museum die original **römische Hafenstraße.**

Ausgeträumt?

Im Zuge der Museumssanierung soll das benachbarte marode **Kurienhaus** 2, das mit dem Dombauarchiv das Gedächtnis der Kathedrale bewahrt, einem Neubau weichen. Es keimte die Idee auf, alle Sammlungen zur Geschichte Kölns und des Doms inklusive des Kölnischen Stadtmuseums am Roncalliplatz zu konzentrieren. Bereits 2016 legte das Büro Staab Architekten einen ambitionierten Entwurf für die Bebauung von **Kölns Historischer Mitte** vor, dessen Finanzierung nicht minder ambitioniert anmutete. Als sich die Hohe Domkirche Anfang 2024 aus dem Bauvorhaben zurückzieht, muss die Stadt angesichts leerer Schatullen den Traum von der Museumsinsel kölschen Zuschnitts begraben. Doch wer weiß …

»Ohne Kunst ist alles nichts«

So behauptete Kurt Hackenberg, Kölns Kulturdezernent von 1955 bis 1979, und bot Peter und Irene Ludwig an, für ihre mit Pop Art gespickte Sammlung moderner Kunst ein Ausstellungshaus im Herzen der Stadt zu errichten. Der Deal war nicht unumstritten. Warum sollte die Stadt dem Schokoladenbaron ein Museum finanzieren? Erst als die potenziellen Stifter mit anderen Standorten liebäugelten, wurde das **Museum Ludwig** 3 (1977–86) gebaut.

Anders als ihre Kollegen einige Jahre zuvor suchten die Architekten Peter Busmann und Godfrid Haberer bewusst die Auseinandersetzung mit der Kathedrale. Die strenge Ost-West-Ausrichtung der gestaffelten Sheddächer kopiert das Achssystem des Doms, während die tief gezogene Zinkverkleidung mit vielen Falzen die Dächer des Doms imitiert. Die bleigraue Farbe der Dächer des Museums steht im Kontrast zum Ziegelrot seiner Mauern und der Platzflächen. Harmonisch fügt sich der große Komplex, in den auch die Philharmonie integriert ist, in die Rheinterrasse ein.

Innen durchzieht eine großzügige offene **Treppenanlage** das Museum. Quer dazu verlaufen die durch die Sheddächer optimal beleuchteten Ausstellungsräume. Fenster geben immer wieder den Blick frei auf den Dom, die Hohenzollernbrücke und den Rhein. Faszinierende Aussichten gewähren auch die beiden **Skulpturenterrassen** des Museums: die südliche auf die Altstadt, die westliche auf die Kathedrale.

Dank der Schenkung der Ludwigs besitzt Köln heute eine der bedeutendsten **Pop-Art-Samm-**

Das zentrale Treppenhaus dient dem Museum Ludwig als besonderer Schauraum.

▶ INFOS & LESESTOFF

In **Grabungsfieber** (KiWi, Köln 2013) erzählt Josef Gens, wie er mit Bruder und Freunden zwischen 1965 und 1967 im Keller des Elternhauses am Chlodwigplatz in der Südstadt archäologische Grabungen unternimmt. Natürlich war das verboten! Unter abenteuerlichen Bedingungen birgt das Team 70 monumentale antike Quader – teils mit Inschriften und Reliefs. Die Gens wohnten an der einstigen römischen Heerstraße nach Bonn. Hier, rund 1,5 km vor dem Südtor des Oppidum Ubiorum, errichteten wohlhabende Römer ihre teils kolossalen Grabstätten, so auch um das Jahr 40 n. Chr. ein gewisser Lucius Poblicius (▶ S. 26).

INFOS/ÖFFNUNGSZEITEN

Römisch-Germanisches Museum 1: Roncalliplatz, https://roemisch-germanisches-museum.de, wegen Generalsanierung bis auf Weiteres geschl.; Interimsquartier im im Belgischen Haus (Karte 2, D 6), Cäcilienstr. 46, T 0221 221 280 95, U: Neumarkt, Mi–Mo 10–18 Uhr, 6 €, erm. 3 €

Museum Ludwig 3: Bischofsgartenstr. 1, T 0221 221 261 65, www.museum-ludwig.de, Di–So 10–18, 1. Do im Monat 10–22 Uhr, Eintritt 11 €, erm. 7,50 €

Haupt-bahnhof
0
100 m
Dom/Hbf.
U
Trankg.
Am Domhof
5
Dom
4
Heinrich-Böll-Platz
M
1
3
2
1
P
Roncalli-platz
1
P
Bischofsgartenstr.
6
2
Studiengebäude RGM
Am Hof

KULINARISCHES FÜR ZWISCHENDURCH

Das **Ludwig im Museum** 1 (T 0221 16 87 51 39, www.ludwig-im-museum.de, Di–Sa 10–24, So 10–21 Uhr, €–€€) ist nicht nur nach dem Kunsterlebnis eine Pause wert. Die Panoramafenster des Café-Restaurants öffnen den Blick auf die Bögen der Hohenzollernbrücke, den Fluss und das rechtsrheinische Köln. Bei schönem Wetter laden Außenplätze zum Verweilen am Rande des Heinrich-Böll-Platzes ein.

LICHTBILDER

Den Vortragsraum des Museums Ludwig bespielt das **Filmforum NRW** 2 (www.filmforumnrw.de) mit Themenreihen und Erstaufführungen. Dazu gibt es Filmfestivals und Biennalen, Vorträge zur Filmkultur und den audiovisuellen Medien.

MUSEUMSSHOP

Eine große Auswahl an Kunstbüchern, Kunstpostkarten und kleinen Designartikeln bietet die **Buchhandlung Walther König** im **Museum Ludwig.**

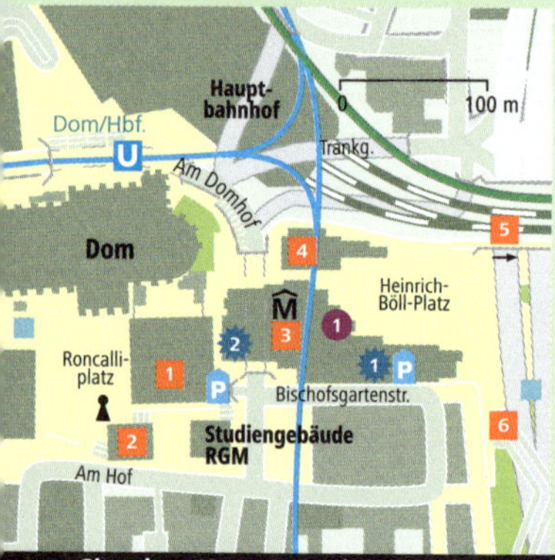

Cityplan: Karte 2, E 5 | **U-/S-Bahn:** Dom/Hbf

lungen außerhalb der USA. Zu sehen sind u. a. Werke von Johns, Rauschenberg, Lichtenstein, Warhol und Oldenburg. Später überließen Peter und Irene Ludwig dem Kölner Haus auch Werke der **Russischen Avantgarde** (1905–35) sowie über 800 Objekte von **Picasso** – die umfangreichste Werkschau des Künstlers außerhalb von Paris und Barcelona. Zur reichen Ausstattung des Museums Ludwig trug aber auch die **Sammlung von Josef Haubrich** (1889–1961) mit Bildern der Klassischen Moderne und des Expressionismus, beispielsweise von Kirchner, Beckmann, Dix und Chagall, bei. Beachtung verdient auch die einzigartige **Sammlung Fotografie,** deren Grundstock das Ehepaar L. Fritz und Renate Gruber legte.

Zu meinen Favoriten im Museum Ludwig zählt »Die Jungfrau züchtigt das Jesuskind vor drei Zeugen« (1926) des Brühler Dadaisten Max Ernst.

Wenn Sie wissen wollen, ob Ihr Lieblingsgemälde tatsächlich hängt, folgen Sie auf der Website des Museums dem Link ›Sammlung online‹. Nur etwa ein Drittel aller Exponate kann ausgestellt werden.

Begehbare Kunst

Zum Museum Ludwig gehört der **Heinrich-Böll-Platz,** den der israelische Bildhauer Dani Karavan als großflächiges Environment gestaltete. Er bildet zugleich das Dach der **Philharmonie** 1, deren Orchestra exakt unter dem weiß-grauen Kreiselement liegt. In der engen Passage zwischen Museum und **Museumswerkstatt** 4 verlegte Karavan eine Eisenbahnschiene, die zwischen dem Domchor und der stufenförmigen Granitskulptur »Ma'alot« vermittelt. Karavan plante den Platz als Begegnungsstätte, doch mangels eines ausreichenden Schallschutzes muss er immer dann gesperrt werden, wenn im darunter liegenden Konzertsaal musiziert wird. Ein Schildbürgerstreich oder Ausdruck des typisch kölschen Laissez-Faire?

Vom Heinrich-Böll-Platz aus erreichen Sie den südlichen Fußgängersteg der **Hohenzollernbrücke** 5, der schnell und bequem auf die rechte Rheinseite führt. Oder Sie spazieren über eine breite Freitreppe mit Rampe – ebenfalls in roten Ziegelsteinen – hinab in den **Rheingarten** und zur **Brunnenlandschaft** 6 des schottischen Künstlers Eduardo Paolozzi. Dass der flache Wasserlauf mit Steinblöcken der im Krieg zerstörten alten Hohenzollernbrücke gestaltet wurde, ist für die Kinder – und auch die Erwachsenen –, die hier bei heißem Wetter Abkühlung suchen, eher zweitrangig.

Ein Schloss am Rhein! In Köln ist es für ein paar Euros zu haben – zumindest ein kleines eisernes Vorhängeschloss. An beiden Fußgängerstegen der Hohenzollernbrücke reiht sich Schloss an Schloss und bei Sonnenschein blitzt es tausendfach auf. Paare, Freunde, Familien bringen die Schlösser als Zeichen ihrer Verbundenheit an und versenken die Schlüssel im Fluss.

UM DIE ECKE

In die Rheinterrasse eingebettet ist die **Philharmonie** 1 (Bischofsgartenstr. 1, www.koelner-philharmonie.de, Tickethotline T 0221 28 02 80, Konzertkasse Mo–Sa 12–20 Uhr), die mit 2000 Plätzen einem antiken Theater nachempfunden ist. Räumliche Harmonie und brillante Akustik machen die Philharmonie zum Konzertsaal der Superlative. Hier sind mit dem WDR Sinfonieorchester Köln und dem Gürzenich-Orchester zwei Ensembles von Weltrang beheimatet. Zudem treten regelmäßig internationale Stars in der Orchestra unter der Lichtkrone auf.

Kölner Histörchen – **im Martinsviertel**

Die Kölner nennen das Viertel um Groß St. Martin zwar ›Altstadt‹, doch wirklich alt ist hier fast gar nichts. Bei Kriegsende ragte die Ruine der romanischen Kirche wie ein hohler Zahn aus dem Trümmerfeld hervor, das Martinsviertel war zu 95 % zerstört. Der Wiederaufbau knüpfte an historische Vorgaben an, vor allem aber halten Denkmäler und Straßennamen die Erinnerung an das alte Köln wach.

Das Martinsviertel liegt auf einer ehemaligen Rheininsel, die in der Antike dem römischen Hafen Schutz bot. Erst im 10. Jh. wurde der längst versandete Rheinarm zugeschüttet und so der **Alter Markt** geschaffen. Zusammen mit dem südlich anschließenden Heumarkt bildete er die wichtigste Marktfläche im mittelalterlichen Köln. Bei Sonnenschein verwandelt sich der autofreie Platz, über den der Ratsturm wacht, in einen großen Biergarten. Ein

Ob es Tünnes gefällt oder nicht: diese Nase muss man einfach streicheln.

nennenswerter Markt findet nur noch in der Weihnachtszeit statt. Eine um so größere Rolle spielt der Alter Markt im Karneval. Alljährlich am 11. 11. um 11 Uhr 11 wird hier die Session eröffnet, und an Weiberfastnacht tritt hier die Oberbürgermeisterin das Stadtregiment für fünf tolle Tage an die Jecken ab. Bei beiden Events ist es proppenvoll, obwohl inzwischen der Heumarkt mit in das Geschehen einbezogen und der Zutritt reglementiert wird. Aber weder Enge noch Wetter können die Begeisterung der Narren bremsen.

Wer nicht wagt, der nicht gewinnt

Eingang in den Karneval hat auch **Jan von Werth** 1 gefunden. Ein Karnevalskorps trägt mit Stolz den Namen des Reitergenerals und auch seine schmucke Uniform. Die Geschichte von Jan und seiner Griet erzählt der Brunnen auf dem Alter Markt. Als die schöne, aber hochnäsige Griet den armen Bauernknecht Jan abblitzen lässt, verdingt sich dieser bei den Soldaten, kämpft im Dreißigjährigen Krieg mal für diesen, mal für jenen Herren und bringt es dabei zu Ansehen. Als er reich und berühmt nach Köln zurückkehrt, erkennt er in einer verhärmten Apfelverkäuferin am Stadttor die einst Angebetete wieder. Ein spätes Happy End steht außer Frage. Es geht halt auch in Köln nicht immer alles gut aus.

Dass man beizeiten zugreifen sollte, daran erinnert der **Platzjabbeck** 2. Die finster blickende, bärtige Holzmaske am **Ratsturm,** die jeweils zur vollen Stunde das Maul (Frz. *bec)* aufreißt (Kölsch *jappe*) und die Zunge herausstreckt, spielt auf die Reichsteilung unter Karl dem Großen an. Soll der Kaiser dabei doch die beiden Söhne bedacht haben, die mit geschlossenen Augen ohne zu zaudern in den Apfel bissen, den er ihnen hinhielt. Der ängstliche Erstgeborene ging dagegen leer aus. Auch die Kölner Zünfte und Gaffeln haben zur rechten Zeit das Maul aufgemacht und mit dem Verbundbrief 1396 den Patriziern die Alleinherrschaft über die Stadt entrissen. Symbol ihres Triumphes ist der Ratsturm mit der 1445 angebrachten Maske.

In Ruhe können Sie das Geschehen auf dem Alter Markt von den Terrassenplätzen vor dem Haus Zur Brezel und Zum Dorn (1580), dem **Brauhaus Zum Prinzen** 1, überblicken. Sein schöner Zwillingsgiebel weist es als das einzige historische Gebäude am Alter Markt aus. Seinen aktuellen Namen verdankt

Dass der kölsche Humor eher derb ist, zeigt der Kallendresser 3*. Unter der Regenrinne (Kölsch: Kalle) des Hauses Em Hanen (Alter Markt 24) entblößt das freche Kerlchen ungeniert sein Hinterteil. ›Dresser‹ bedarf bei diesem Anblick vermutlich keiner Übersetzung. Angeblich soll die Figur die Haltung der Kölner gegenüber der Obrigkeit – ob weltliche im Rathaus oder geistliche im nahen Groß St. Martin – zum Ausdruck bringen. Oder erinnert der Kallendresser daran, dass früher die Nachttöpfe einfach in die Straße entleert wurden?*

es übrigens ›Prinz Poldi‹. Kennen Sie nicht? Aber Lukas Podolski haben Sie schon gehört? Wenn Fußball und Kölsch nicht Ihr Ding sind, lassen Sie sich im **Marco Polo** 2 zu Eis und Espresso verführen.

Groß St. Martin imponiert am Rheinufer mit einem mächtigen Vierungsturm.

Kölsche Typen

Eine Passage führt zum Kirchplatz vor Groß St. Martin, wo die zwei Urkölner Originale **Tünnes und Schäl** 4 Ihren Besuch erwarten. Der kleine, gedrungene *Tünnes* (Anton) mit der dicken Knollennase und dem Arbeitskittel muss sich in zahlreichen Anekdoten als Bauerntölpel die pseudoklugen Sprüche des gewieften langen *Schäl* (von schielen) gefallen lassen, der im feinen Zwirn den Stadtmenschen herauskehrt. Die Nasen der beiden sind blank poliert von Millionen Berührungen. Ob das Glück bringt? Probieren Sie es aus!

Einmal umdrehen und Sie stehen vor der ca. 4 m hohen **Schmitz-Säule** 5. Sie wurde, so eine der Inschriften, aus echt römischen Steinen errichtet und zwar 1969 im Jahr der ersten Mondlandung. Eine andere Inschrift besagt, dass just hier auf der ehemaligen Rheininsel bei einem Tête-à-Tête zwischen Römern und Ubiermäd-

INFOS/ÖFFNUNGSZEITEN

Groß St-Martin 6: Di–Do 13–17.15, Fr, Sa 10–12.30, 13–17.15, So 13–18 Uhr
Zum Prinzen 1: Alter Markt 20–22, T 0221 96 02 22 20, www.zum-prinzen.com, tgl. ab 12 Uhr, €–€€
Eiscafé Marco Polo 2: Alter Markt 44, tgl. ab 10 Uhr

KULINARISCHES FÜR ZWISCHENDURCH

Rheinblick muss nicht sein und Lokalkolorit hatten Sie bereits reichlich? Dann empfiehlt sich das **Beirut** 3 (Buttermarkt 3, T 0221 258 15 39, www.beirut-restaurant.de, tgl. 12–23 Uhr, €–€€) mit Köstlichkeiten aus dem Libanon zur Einkehr. Auf den ersten Blick ein Imbiss, hat es doch einen geräumigen Gastraum.

KURZWEILIGE ZEITREISE

Im Senseum von **TimeRide** 1 (Alter Markt 36–42, https://timeride.de/koeln, So–Mi 10.40–18,30, Do–Sa 10–20 Uhr, Ticket 16,90 €) tauchen Sie dank modernster Technik in die Goldenen Zwanziger Kölns ein und werden auf einer Virtual-Reality-Bahnfahrt staunen, wie attraktiv und lebendig die Stadt bereits vor dem Zweiten Weltkrieg war.

Cityplan: Karte 2, E 5/6 | **U-Bahn:** Rathaus

chen die ›Kölner Dynastie Schmitz‹ ihren Anfang nahm. Eine schöne Geschichte mit zumindest einem Funken Wahrheit. Beweise römischer Präsenz finden sich nämlich in den Gewölben unter der romanischen Kirche **Groß St. Martin** 6 (▶ S. 82). Bei den antiken Fundamenten könnte es sich um einen Sportplatz mit Schwimmbecken handeln. Ebenso gut mag hier ein Lagerhaus mit einem Fischbassin gestanden haben.

Über die Lintgasse hinweg und durch eine Passage hindurch liegt verborgen ein Plätzchen, das **Willi Ostermann** 7 gewidmet ist. Im Brunnendenkmal sind Typen aus seinen Evergreens zu erkennen, etwa *Schmitze Billa, Et Stina* oder die *Kölsche Mädcher, die bütze künne* (küssen können).

Heringsstadt am Rhein

Mit dem Handel von Fisch, und zwar nicht nur mit Süßwasserware aus dem Rhein, sondern auch mit Hering und anderen Seefischen, hat sich Köln im Mittelalter einen Namen gemacht. Der aus Holland über den Fluss herantransportierte Fisch wurde in Köln geprüft, aufbereitet und mit einem Gütesiegel versehen, bevor er weiterverkauft wurde. Das ursprünglich spätgotische **Fischstapelhaus** 8 mit dem seitlichen Treppenturm blieb als letztes Beispiel der Lager- und Kaufhallen am Rheinufer erhalten. An die Marktfrauen, die vor den Hallen die verderbliche Ware feilboten, erinnert der **Fischweiberbrunnen** 9.

Zwar wurden zwei der fotogenen pastellfarbenen Giebelhäuser am **Fischmarkt,** hinter denen der Vierungsturm von Groß St. Martin mächtig aufragt, zu Sanierungszwecken abgetragen, doch die Außengastronomie mit Rheinblick leidet darunter nicht. Ebenso gut können Sie sich auf den Bänken oder den Rasenflächen niederlassen, um das Hin und Her vor den Schiffsanlegestellen zu beobachten. Bis zu einem Wasserstand von 11,30 m – und der droht laut Statistik nur alle 100 Jahre – bleiben die Füße dabei dank mobiler Hochwasserschutzwände trocken. Hochwassermarken an den Häusern lassen erahnen, welches Unglück der Fluss über die Stadt bringen kann. Die aktuelle Höhe des Rheins verrät der **Pegel** 10: Der breite Zeiger zeigt die Meter, der schmale lange die Dezimeter. Stehen beide Zeiger auf Null, beträgt die Wasserhöhe in der Fahrrinne noch etwa einen Meter.

Hansestadt Köln? Tatsächlich war die Binnenmetropole Köln kurzfristig einflussreiches Mitglied des Seestädtebundes. Sein **Handelsimperium** reichte von Italien bis Skandinavien, vom Ostseeraum bis England. Die Kölner profitierten nicht nur vom Rhein als wichtigem Transportweg. Sie überredeten 1259 zudem den Erzbischof, ein Handelsdekret zu ihren Gunsten zu erlassen. Das sogenannte **Stapelrecht** verfügte, dass alle auf dem Fluss transportierten Waren in Köln umzuladen und drei Tage zu lagern seien. Zudem räumte es Kölner Kaufleuten das Vorkaufsrecht ein.

Das Ziffernblatt des hellen zylinderförmigen Turms an der Uferpromenade informiert über die Höhe des Rheinpegels.

Immer bei der Stange bleiben – **ein Brauhaus-Bummel**

Sie wollen kölsche Tradition erleben? Dann hinein ins Brauhaus! Dort wird Kölsch nicht nur gesprochen, sondern auch getrunken. Serviert wird das obergärige Bier vom blau geschürzten ›Köbes‹, der selbst dann so gerufen wird, wenn er nicht Jakob heißt. Doch Rufen erübrigt sich meist. Der Köbes ist stets mit einem Kranz voll frisch gezapfter Kölschstangen in der Nähe und versorgt Sie – auch ungefragt – mit Nachschub.

In der Salzgasse bewahrt das Sünner im Walfisch kölsche Brauhaustradition.

Dass Kölsch drin ist, wo beispielsweise Früh, Gaffel oder Päffgen draufsteht, darauf achtet die Kölsch-Konvention von 1985. Sie erlaubt die Produktion des Gerstensafts nur in einigen traditionellen Brauereien in und um Köln, selbstverständlich unter Einhalt des Deutschen Reinheitsgebots von

1516. Die Europäische Union hat Kölsch als erstes deutsches Bier in die Liste regionaler Spezialitäten aufgenommen. Dennoch schwört jeder Brauer auf seine ureigene Rezeptur. Dass Kölsch nicht gleich Kölsch schmeckt, lässt sich in den Brauhäusern und Gaststätten rund um den Heumarkt studieren. Wie gut, dass die Kölschstange nur 0,2 l fasst!

Platzhirsch am Heumarkt

Ältestes Gebäude am Heumarkt ist das **Gilden im Zims** ❶ (1568). Es lässt die einstige Pracht des Platzes erahnen, der im Barock mit dem Markusplatz in Venedig konkurrieren konnte. Bereits Anfang des 20. Jh. wurde die Geschlossenheit des Karrees durch die Auffahrt zur Deutzer Brücke zerstört, während die historische Bebauung in den Bombenangriffen des Zweiten Weltkriegs unterging.

Das Haus Zims (ursprünglich Zum St. Peter) wurde unter der Regie der Gilden-Brauerei von Grund auf modernisiert und verjüngt. Dennoch besitzt es die typisch unkomplizierte Brauhausatmosphäre. An den blank gescheuerten Holztischen entspinnt sich spätestens nach dem zweiten Kölsch eine muntere Unterhaltung. Die Küche reicht deftige Happen und gutbürgerliche Speisen von der kölschen *Foderkaat* (Speisekarte). Die Wände sind dezent geschmückt mit Porträts ›Kölner Helden‹, bei denen es sich um Größen aus der Stadtgeschichte handelt. Von der Historie des Hauses zeugen die Backsteinmauern im stimmungsvollen Gewölbekeller.

Historie hat auch das Haus mit der auffälligen orange-roten Barockfassade am Eingang zur Salzgasse. Es gehörte früher der alten Kölner Hausbrauerei Päffgen. Dann gab's Zwist in der Familie und der Ausschank in der Altstadt hieß fortan **Brauerei zum Pfaffen** ❷. Gebraut wird das obergärige Original Pfaffen Bier in einer erst 2002 gegründeten Brauerei im Bergischen Land – sieht aus wie Kölsch, schmeckt wie Kölsch, darf sich aber nicht Kölsch nennen.

Salz macht durstig

Einige Meter weiter fließt im **Bierhaus en d'r Salzgass** ❸ tatsächlich Päffgen-Kölsch aus dem Zapfhahn. Hinter einer modern-sachlichen Fassade mit raumhohen Fenstern verbirgt sich ein durch und durch uriger Schankraum mit umlaufender

► INFOS

Auf dem **Kölner Brauhaus Wanderweg** werden Sie in zwei bis drei Stunden zum gewieften Kölsch-Kenner. Unter dem Stichwort ›Kölner Brauhaustouren‹ finden sich im Internet zahlreiche Veranstalter und Termine. Die theoretischen Vorkenntnisse liefert die Site www.koelner-brauerei-verband.de. Sie haben Interesse an einer Brauereibesichtigung, einem DIY-Brauseminar oder Bier- und Gin-Tastings? Die **Brauwelt Köln** (Kalker Hauptstr. 260/262, www.brauwelt-koeln.de) im rechtsrheinischen Stadtteil Kalk hat sicher das passende Angebot.

Kölsche Buchhaltung: Pro Bier ein Strich. Der fünfte Strich wird quer gezogen zum sogenannten ›Jadepötzje‹ (Gartentörchen). So behalten Gast und Köbes den Überblick. Wer großen Durst hat oder in geselliger Runde bechert, kann den Deckel leicht ›rund‹ trinken.

INFOS/ÖFFNUNGSZEITEN

Gilden im Zims ①: Heumarkt 77, T 0221 16 86 61 10, www.gilden-im-zims.de, Mo–Fr ab 12, Sa, So ab 11 Uhr, So 11–15 Uhr Tischbrunch

Brauerei zum Pfaffen ②: Heumarkt 62, T 0221 257 77 65, https://zum-pfaffen.koeln, tgl. 11–24 Uhr

Bierhaus en d'r Salzgass ③: Salzgasse 5–7, T 221 800 19 00, https://bierhaus-salzgass.de, Mo–So 12–1 Uhr

Brauhaus Sünner im Walfisch ④: Salzgasse 13, T 0221 257 78 79, http://walfisch.net, Fr–So ab 12, Di–Do ab 17 Uhr

Malzmühle ⑤: Heumarkt 6, T 0221 92 16 06 13, https://muehlenkoelsch.de; **Brauerei zur Malzmühle** Mo–Do 14–24, Fr, Sa 12–01, So 12–23 Uhr; **MühlenBar** Di–Do 18–1, Fr, Sa 17–2 Uhr; dazu ein moderne **Hotel** https://hotelzurmalzmuehle.de

Speisen und Getränke: HG €–€€, 0,2 l Kölsch ca. 2,30 €

Cityplan: Karte 2, E 6 | **U-Bahn:** Rathaus oder Heumarkt

Empore. Von den Stehtischen vor der großen Theke können Sie den *Zappes* bei seiner Arbeit beobachten, wie er geschickt die mit Kölschstangen gespickten Kränze am Fass füllt.

In der **Salzgasse** wurde, Sie ahnen es, mit Salz gehandelt, das zur Konservierung des Kölner Herings nötig war. Und Salz macht bekanntlich durstig. Ob es daher so viele Gaststätten in der Gasse gibt? Sie ist jedenfalls einer der Hotspots in der Altstadt und wird leider auch regelmäßig von Männer- respektive Frauengruppen auf Junggesellenabschied heimgesucht.

Auf der Fassade des **Brauhaus Sünner im Walfisch** ④ ist die Zahl 1626 in großen Ziffern zu lesen. Das Renaissancehaus mit typischem Stufengiebel steht aber gerade einmal 80 Jahre an der Ecke Salzgasse/Auf dem Rothenberg. Bei der Altstadtentkernung in den 1930er-Jahren wurde es in der nahen Tipsgasse Stein für Stein abgetragen und anschließend hier neu aufgebaut. Im ›Bauch‹ des Walfischs ist es eng und urgemütlich.

F
FRATZE

Hoch über dem Eingang des Brauhauses Sünner im Walfisch starrt eine Fratze hinab auf die Passanten. Der sogenannte **Grienkopp** *(grienen* = grinsen, *Kopp* = Kopf) diente als Halterung der Kranbalken zur Beförderung von Lasten, etwa Bierfässern, und ist an weiteren Häusern der Altstadt zu finden.

Kölsch wird trendy

Zum Abschluss der Kölschtour geht es zum ursprünglichsten Brauhaus in der Altstadt, das et-

Der Köbes ist mit einem Kranz voll frisch gezapfter Kölschstangen immer schnell zur Stelle. Übrigens ist sein Job nicht mehr ausschließlich Männersache. Köbine oder seltener Jakubine heißen die weiblichen Köbesse offiziell. Verschmitzt liebevoll werden sie auch Kranzmarie genannt.

was abgeschieden auf der kleineren Südseite des Heumarkts liegt. Die familiengeführte **Brauerei zur Malzmühle** 5 verdankt Ihren Namen der ehemaligen Mühle, die das Malz für die Kölner Brauer schrotete. Nach Zusammenschluss mit Kölns ältester Familienbrauerei **Sünner** 2022 wurde die Bierproduktion nach über 160 Jahren vom Heumarkt nach Köln Kalk verlegt.

Im traditionsreichen **Brauhaus** kontrolliert der Wirt respektive die Wirtin noch vom *Thekenschaaf* (auch Beichtstuhl genannt) aus den Ausschank. Hier gibt es auch die beliebten *Pittermännchen,* kleine 10-l-Fässer für die Feier zu Hause. Im unverwechselbaren Brauhausambiente treffen Sie sicherlich auf einen Köbes kölschen Schlags, der die Gäste mit flotten, mitunter frechen Sprüchen im Dialekt unterhält. Das kommt vor allem beim einheimischen, oft älteren Publikum gut an.

Jüngere Leute spricht die unmittelbar benachbarte urbane **MühlenBar** an. Die Getränkekarte listet neben Mühlen Kölsch und Sünner auch Craft-Beer-Spezialitäten aus aller Welt. Bei der Verkostung steht Ihnen eine Barkeeperin bzw. ein Barkeeper gerne beratend zur Seite. Zu empfehlen sind auch die Cocktails auf Basis von Mühlen Kölsch, etwa Kölschjito oder 1858.

UM DIE ECKE

Eine Kostprobe kölschen Dialekts und kölschen Humors gibt es im **Hänneschen-Theater** 1 (Eisenmarkt 2–4, T 0221 221 222 33, www.haenneschen.de, Theaterkasse Mi–So 15–18 Uhr). Die Vorstellungen der Knollendorfer Sippschaft sind leider oft ausverkauft. Restkarten erhalten Interessierte am ehesten für die Kindervorstellungen der Stockpuppen am Nachmittag.

Dass die Germanen einem gar schauerlichen Gebräu aus Gerste oder Weizen zusprechen, davon berichtet der römische Historiker Tacitus. Im Laufe der Jahrhunderte wurden Geschmack und Haltbarkeit des Getreidesaftes aber entscheidend verbessert. Im Mittelalter entwickelte er sich neben dem teureren, oft sauren Wein zum bevorzugten Getränk der Kölner. Nicht ohne Grund! Das Kölner Trinkwasser war damals dermaßen schlecht, dass Bier als Ersatz herhalten musste. Allerdings besaß das Getränk einen viel geringeren Alkoholgehalt als heute.

Starke Bürger – **rund um das Rathaus**

Anderswo überließ man den Pfaffen und dem Adel das Regieren. Nicht so in Köln! Hier drängte die städtische Oberschicht früh an die Macht. Bereits um 1135 ist ein ›Haus der Bürger‹ als erstes Rathaus im deutschen Reich beurkundet. Sichtbare Zeichen bürgerlichen Erfolgs sind die Rathausbauten. Vom Wohlstand der Kölner im Mittelalter erzählen auch die Gemälde im Wallraf-Richartz-Museum.

Weder von der Kirche noch vom Adel wollten sich die Kölner regieren lassen. Während die Reliefs der Rathauslaube die Auseinandersetzung zwischen Erzbischof und Bürgerschaft im 11. und 12. Jh. thematisieren, entstand der Ratsturm als Symbol bürgerlicher Freiheit nach Beendigung der Herrschaft der Patrizier 1396.

Die Geschichte des Rathauses reicht zurück bis in die Gründungstage Kölns. Denn noch bevor Kaiser Claudius im Jahr 50 die Siedlung am Altar der Ubier zu einer Kolonie nach römischem Recht erhebt – dies besagt der Name *Colonia Claudia Ara Agrippinensium (CCAA)* –, entsteht eine städtische Verwaltung. Sie hat ihr Domizil an der Ostseite der Kolonie, damals unmittelbar am Rheinufer. Einige Jahrzehnte später (um 90) residiert dort der Statthalter der neuen Provinz Niedergermanien. Auf den Ruinen seines Palastes, dem Praetorium, der die römische Ära bis ins 8. Jh. überdauert, entsteht um 1135 in unmittelbarer Nachbarschaft zum Judenviertel ein ›Haus der Bürger‹. Aber lassen Sie sich von diesem Ausdruck nicht in die Irre führen: Das Sagen haben nur wohlhabende Kölner aus den ›edlen‹ Geschlechtern, die sogenannte Richerzeche.

Hochhaus des Mittelalters

Während des Pogroms gegen die Juden 1349 wurde auch dieses erste **Rathaus** 1 Kölns in Mitleidenschaft gezogen. Bei seinem Wiederaufbau entstand ein zweigeschossiger **Saalbau** in gotischem Stil, der im Obergeschoss den langgestreckten **Hansasaal** (1360) birgt. Mitte des 16. Jh. wurde vor den Saalbau die repräsentative **Rathauslaube** 2 gesetzt, von deren Balkon aus der Rat seine Beschlüsse verkündete. Ihre reichen Renaissanceformen, die bewusst an die römische Vergangenheit anknüpfen, waren Ausdruck des Bürgerstolzes.

Bürgerstolz demonstriert aber vor allem der **Ratsturm** 3 (1407–14). Er ist das weithin sichtbare Symbol des Sieges der Zünfte und Gaffeln über die Patrizier. 124 Skulpturen aus der Stadtgeschichte schmücken die Fassaden des 61 m hohen Turms, der über 500 Jahre lang den unvollendeten Dom überragte.

Bodenschätze

Auf unabsehbare Zeit verbirgt ein Bauzaun das hübsche Ensemble aus Rathauslaube und Ratsturm. Auf dem Platz vor dem Rathaus entsteht nämlich das **MiQua** 4, das die Geschichte jüdischen Lebens in Köln erzählen wird. Die jüdische Gemeinde der Stadt gilt als eine der ältesten und mit bis zu 1000 Mitgliedern größten im mittelalterlichen Europa. Ihrer Blütezeit setzte das Pogrom 1349 ein gewaltsames Ende, sie erlosch, als der Kölner Rat 1424 alle Juden der Stadt verwies.

Von 2007 bis 2016 gruben sich die Archäologen Schicht für Schicht in die Geschichte des Rathausbezirks ein. Mauerreste zeugen von einer Synagoge, die mutmaßlich im 11. Jh. entstand und die älteste nördlich der Alpen sein könnte, sowie von Frauensynagoge, Hospital, Bäckerei, Warmbad und Mikwe. Die aufschlussreichsten Befunde liefern übrigens ausgerechnet die Latrinen.

Warum die Kölner im Mittelalter ausgerechnet einen Bauern als Sinnbild für die Stärke und Wehrhaftigkeit ihrer Stadt wählten, dafür haben selbst die Historiker keine eindeutige Erklärung. In der glasüberdachten luftigen Piazetta des Rathauses können Sie ihn bewundern, den stolzen ›**Kölschen Boor**‹, ausgestattet mit Dreschflegel und Sense, Stadtschlüsseln und Reichswappen. Noch heute verkörpert der Bauer im Kölner Dreigestirn den Beschützer der Stadt.

▶ INFOS

Im Ratsturm erklingt viermal täglich ein **Glockenspiel**. Morgens um 9 Uhr spielt die städtische Jukebox das Volkslied »Die Gedanken sind frei«. Im Laufe des Tages sind Melodien der Kölner Komponisten Karlheinz Stockhausen (12 Uhr) und Jacques Offenbach (18 Uhr) zu hören. Um 15 Uhr wärmen kölsche Evergreens das Herz der Lokalpatrioten.

Heute werden viele Kölner Haushalte mit Uferfiltrat aus dem Rhein versorgt: »Dat Wasser vun Kölle es jot!«, singen die Bläck Fööss. Die Qualität des Flusswassers zweifelten die Römer allerdings an. Sie bauten ab dem 1. Jh. **Leitungen für Frischwasser** aus Vorgebirge und Eifel nach Köln und legten sogar eine unterirdische **Kanalisation** für das Schmutzwasser an. Ein Komfort, den es in den folgenden Jahrhunderten nicht mehr gab. Ein Segment des römischen **Abwasserkanals** 6 wurde u. a. vor dem Spanischen Bau ans Tageslicht befördert.

Schützend erhebt sich schon jetzt das stählerne Museumsgebäude von Wandel Lorch über die Ausgrabungen. Wenn es eines Tages endlich öffnet, wird der Besucher darin von den Grundmauern des Judenviertels direkt zu den Überresten des **Praetoriums** spazieren können. Diese kamen beim Wiederaufbau des **Spanischen Baus** 5 des Rathauses ans Tageslicht und wurden unter einer weit gespannten Betondecke begehbar gemacht. »Ein Provisorium!«, waren sich die Verantwortlichen damals einig. Gut Ding will eben Weile haben.

Der Spanische Bau erinnert daran, dass in Köln während des Dreißigjährigen Krieges die Spanische Liga, ein Verbund der katholischen Mächte, tagte. Das Treppenhaus mit geschwungenem Aufgang und leuchtenden Säulenkapitellen weist das Gebäude als eine typische Architektur der 1950er-Jahre aus. Sehenswert sind das Geschichtsfenster von Georg Meistermann sowie im südlichen Innenhof das aktuelle Stadtmodell.

Wider den kölschen Klüngel

Über die Jahrhunderte war das Areal rund um das Rathaus immer eng bebaut. Den Bauplatz für das MiQua legten erst die Bomben im Zweiten Weltkrieg frei, der kleine **Gülichplatz** 7 erinnert hingegen an einen Racheakt der Kölner Obrigkeit. Der Kaufmann Nikolaus Gülich hatte es 1680 gewagt, Klüngel und Vetternwirtschaft im Kölner Rathaus anzuprangern, und so den Sturz des Rates herbeigeführt. Doch letztendlich gewann das Establishment die Oberhand. Gülich wurde verhaftet und 1686 geköpft, sein Haus abgerissen und dort eine Schandsäule mit seinem in Bronze gegossenen Kopf errichtet. Seit 1912 ziert freilich der **Fastnachtsbrunnen** das kleine freie Geviert und betont die heiteren Aspekte des Stadtlebens.

Von meisterhafter Pinselführung zeugen die mittelalterlichen Tafelbilder im Wallraf-Richartz-Museum.

Kunstsinnige Bürger

Den Reichtum der rheinischen Handelsmetropole im Mittelalter kann ermessen, wer die Exponate im **Wallraf-Richartz-Museum & Fondation Corboud** 8 anschaut. Nicht nur Domkapitel, Stifte und Klöster, auch die erfolgreichen Kaufleute und Handwerker umgaben sich mit Kunst. Maler und Goldschmiede aus allen deutschen Landen sowie aus Flandern und Frankreich fanden in Köln Lohn und Brot. Dass die mittelalterlichen Kunstwerke, insbesondere die

Tafelbilder der sogenannten Kölner Malerschule, erhalten blieben, ist dem Sammeleifer von Ferdinand Franz Wallraf (1748–1824) zu verdanken. 2001 bezogen die Schätze ihr heutiges Domizil. Das viergeschossige, kubusförmige Gebäude nach Plänen von Oswald Mathias Ungers öffnet sich mit großen Eckfenstern zum Rathausplatz hin. Dunkle Steinbänder mit den Namen der im Haus vertretenen Maler gliedern seine monumental-schlichte Fassade aus hellem Tuffstein.

Neben Gemälden aus der Zeit zwischen 1250 und 1550 sind Werke des Barocks, u. a. von Rembrandt und Rubens, der deutschen Romantik sowie des französischen Realismus und Impressionismus vertreten. Die Schweizer Mäzene Gérard und Marisol Corboud überließen dem Museum als Dauerleihgabe hochkarätige impressionistische und neoimpressionistische Kunstwerke. Um die Sammlung Corboud adäquat präsentieren zu können, entsteht nach langen Diskussionen neben dem Wallraf ein zusätzliches **Ausstellungsgebäude** 9.

▶ INFOS

Im attraktiven Neubau des sogenannten **Roten Hauses** 10 bietet das 20-Zimmer-**Hotel Legend** (Bürgerstr. 2, www.legendhotel.de) Übernachtung mit Aussicht auf Ratsturm und Alter Markt. Das hauseigene **Restaurant Puls** lädt im Sommer zu Veranstaltungen auf die Dachterrasse ein – bester Domblick inklusive. Im Erdgeschoss des Hauses informiert das **MiQua:-forum** (Alter Markt 31, https://miqua.blog) jeden Donnerstag 16–18 Uhr über die Arbeit des zukünftigen jüdischen Museums.

INFOS/ÖFFNUNGSZEITEN

Rathaus 1: Mo, Mi, Do 8–16, Di 8–18, Fr 8–12 Uhr, Eingang am Alter Markt; Führungen über den Museumsdienst Köln, https://museenkoeln.de
Wallraf-Richartz-Museum & Fondation Corboud 8: Obenmarspforten, T 0221 221 211 19, www.wallraf.museum, Di–So 10–18, 1. u. 3. Do im Monat 10–22 Uhr, Eintritt 13 €, erm. 8 €; mit Cedeon Museums-Shop

PAUSEN MIT HISTORIE

In Blickweite zum Rathaus befindet sich das seit 1511 verbürgte **Brauhaus Sion** 1 (Unter Taschenmacher 5–7, www.brauhaus-sion.de, tgl. ab 12 Uhr, €€). In mehreren gemütlichen Sälen und der zünftigen Schänke finden 600 Gäste Platz. Kaffeeklatsch wie zu Omas Zeiten wird unter der Rotunde des **Café Fassbender** (ehemals Jansen) 2 (Obenmarspforten 7, tgl. 10–18 Uhr, €) zelebriert. Ideal für eine Pause ist auch das **Wallraf-Richartz** (https://wallraf-richartz-cafe.de, Di–So 11–17 Uhr, €) im Museum 8. Echt Kölnisch Wasser verkauft **Farina Gegenüber** 1 in seinem Stammhaus gegenüber dem Gülichplatz (Obenmarspforten 21, Mo–Sa 10–19, So 11–17 Uhr, ► S. 79).

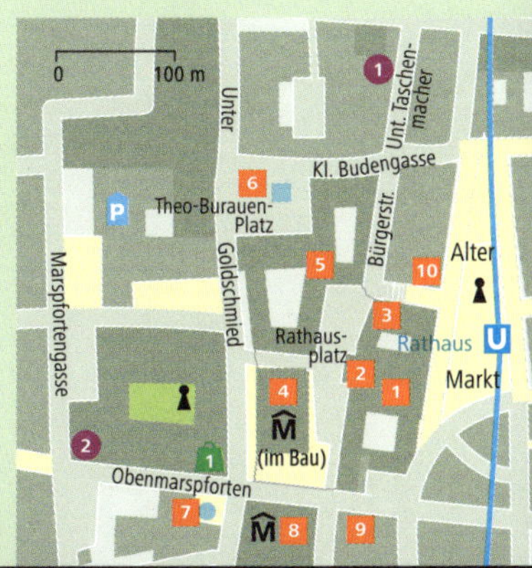

Cityplan: Karte 2, E 5/6 | **U-Bahn:** Rathaus

Vom Rhein in die Südsee – **das Kulturquartier**

Ohne Frage: Der große Reisspeicher im Foyer des Rautenstrauch-Joest-Museums macht neugierig auf die Begegnung mit den Kulturen der Welt. Dabei wird das Museum Schnütgen in der romanischen Kirche St. Cäcilien oft links liegen gelassen. Zu Unrecht! Die christliche Kunst wartet hier mit wundervollen Raritäten auf.

Beide Museen und ihre Sammlungen verdankt Köln – wie in vielen anderen Fällen auch – großzügigen Schenkungen. Wilhelm Joest, Enkel eines Kölner Zuckerfabrikanten, unternahm zwischen 1874 und 1894 zahlreiche Forschungsreisen und sammelte auf allen Kontinenten völkerkundliche Objekte. Seine umfangreiche Ethnographica-Sammlung erbte bei seinem frü-

Der Reisspeicher im Foyer des Kulturquartiers fasst alle Themen der völkerkundlichen Ausstellung exemplarisch zusammen.

hen Tod die in Köln verheiratete Schwester Adele Rautenstrauch, die sie wiederum 1899 der Stadt stiftete. Zudem stellte die vermögende Frau Kommerzienrat das Grundkapital für das erste Museumsgebäude am Ubierring zur Verfügung.

Ob Götzenfiguren vom anderen Ende der Welt …

Der Mensch in seinen Welten

Das neue Haus im **Kulturquartier** ermöglicht es dem **Rautenstrauch-Joest-Museum** 1, viele seiner über 65 000 Exponate und 100 000 Fotos auf drei Etagen und 3600 m² Fläche wirkungsvoll zu inszenieren. Dabei werden thematische Aspekte in den Vordergrund gestellt. Der Parcours ›Der Mensch in seinen Welten‹ eröffnet unerwartete Perspektiven auf vertraute und fremde Lebensformen.

Nach einem multimedialen Begrüßungszeremoniell betreten Sie die Studierzimmer von Wilhelm Joest und Baron Max von Oppenheim, die die Kölner ethnografische Sammlung maßgeblich beeinflussten. Die folgenden Räume dokumentieren, wie die Kultur und Kunst ferner Völker Eingang in europäischen Sammlungen fanden, wobei die Rolle der ethnologischen Museen kritisch beleuchtet wird. Türen öffnen sich zum zweiten großen Themenkomplex, der Menschen verschiedener Kontinente in ihren jeweiligen Welten zeigt. Sie können sich in ihren Wohnstätten umsehen, lernen ihre religiösen Riten und ihr Jenseitsverständnis kennen und erleben ihre Feste und Zeremonien. Eine Installation von Nando Nkrumah regt dazu an, sich mit strukturellem Rassismus auseinanderzusetzen

Der kleine Tod

Vom prächtigen Reisspeicher aus Indonesien im Museumsfoyer sind es nur ein paar Schritte in die abendländisch-christliche Welt. Die romanische Pfeilerbasilika **St. Cäcilien** (► S. 82) bildet seit ihrem Wiederaufbau nach dem Zweiten Weltkrieg den kongenialen Rahmen für die Sammlung des Domvikars Alexander Schnütgen (1843–1918). Über 6500 Gegenstände sakraler Kunst vom Mittelalter bis zum Historismus hatte er zusammengetragen.

… oder Reliquienbüsten aus dem Rheinland – im Kulturquartier ist beides zu bewundern.

Der lichtdurchflutete Verbindungstrakt verschafft dem **Museum Schnütgen** 2 optimale Bedingungen für die Präsentation mittelalterlicher Glasmalereien. Aber auch Steinkapitelle aus verschiedenen Kreuzgängen sowie das Originaltym-

INFOS/ÖFFNUNGSZEITEN

Kulturquartier: Cäcilienstr. 29–33, Di–So 10–18, Do 10–20, 1. Do im Monat 10–22 Uhr, Kombiticket 10 €, erm. 7 €
Rautenstrauch-Joest-Museum – Kulturen der Welt 1: T 0221 221 313 56, https://museenkoeln.de/rautenstrauch-joest-museum, 7 €, erm. 4,50 €
Museum Schnütgen – Kunst des Mittelalters 2: T 0221 221 313 55, https://museum-schnuetgen.de, Eintritt 6 €, erm. 3,50 €

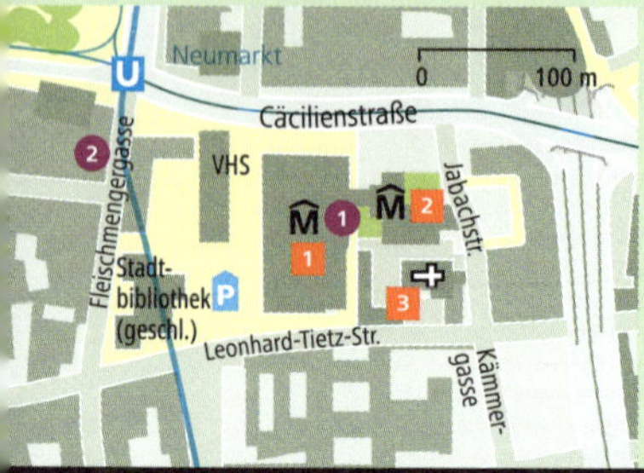

KULINARISCHES FÜR ZWISCHENDURCH

Das **Museumscafé** ❶ (Di–So 11–17 Uhr) mit Außenplätzen im Innenhof beim »Tödlein« ist perfekt für eine Auszeit vom Großstadtbetrieb. Wer Lust auf etwas Deftiges hat, geht ein paar Schritte zur **Puszta-Hütte** ❷ (Fleischmengergasse 57, Mo–Sa 10–20 Uhr, €), wo Gulasch aus der Blechschale gelöffelt wird – nicht schick, aber teuflisch lecker!

Cityplan: Karte 2, D 6 | **U-Bahn:** Neumarkt

panon des Nordportals von St. Cäcilien kommen hier gut zur Geltung. Herzstück des Museums Schnütgen ist der über 1000 Jahre alte Kirchenraum, über den auf der Empore verschiedene Heilige – Holzskulpturen von Romanik bis Barock – wachen. Regelmäßig werden ausgesuchte Werke aus der gesamten Sammlung neu inszeniert, sodass sich die Ausstellung immer wieder wandelt. Goldschmiedekunst verleiht der Sakristei Glanz. Die Krypta ist unter dem Sinnspruch *Memento mori* (Gedenke des Todes) feinsten Elfenbein- und Holzarbeiten gewidmet. An die Vergänglichkeit erinnert auch das »Tödlein«, das der Sprayer von Zürich, Harald Naegeli, 1980 auf das zugemauerte Westportal von St. Cäcilien sprühte.

▶ INFOS

Die Ausstellungsreihe I MISS YOU des RJM stellt anhand der Benin-Bronzen die Debatte um koloniale Beutekunst in den Fokus. Mit 96 Objekten bewahrt das Museum die bundesweit viertgrößte Sammlung geraubter Hofkunstwerke aus dem alten Königreich Benin. Die Eigentumsrechte an fast allen Bronzen wurden Ende 2022 an den Staat Nigeria übertragen.

UM DIE ECKE

In der spätgotischen Pfarrkirche **St. Peter** 3 (Jabachstr. 1, www.sankt-peter-koeln.de, Mi–So 12–18 Uhr; aktuelle Termine im Internet) bietet die **Kunst-Station** zeitgenössischer Kunst und Musik einen besonderen Rahmen. Einziger Schmuck des leeren Kirchenraums sind die Fenster aus der Renaissance und die »Kreuzigung Petri« von Peter Paul Rubens, der in Kindertagen nahe St. Peter wohnte.

Ein dunkles Köln-Kapitel – **Besuch im EL-DE-Haus**

Das NS-Dokumentationszentrum im El-DE-Haus räumt ein für alle mal mit der Mär auf, Köln sei zu den Nazis auf Distanz gegangen. Neben der großen schweigenden Mehrheit gab es auch im Schatten des Doms – sogar im Dom – Sympathisanten und Unterstützer des Terrorregimes. Wer Widerstand leistete, musste um Leib und Leben fürchten.

Oppositionelle, Juden und nicht wenige, die denunziert worden waren, landeten in den Fängen der Gestapo, der Geheimen Staatspolizei. Diese hatte zunächst im damaligen Polizeipräsidium an der Krebsgasse ihre Dienststelle, beschlagnahmte 1935 sodann am nahe gelegenen Appellhof-

Die Inschriften und Zeichnungen in den Gefängniszellen der Gestapo lassen niemanden unberührt – darunter erschütternde Zeugnisse vor dem Gang zum Galgen.

Über diese Messingplatten im Straßenpflaster soll der Blick stolpern. Vor den einstigen Wohnungen von Opfern des NS-Regimes sind die Stolpersteine des Kölner Künstlers Gunter Demnig in den Bürgersteig eingelassen. Inzwischen sind sie in über 300 Städten zu finden.

platz den Neubau des Kölner Kaufmanns Leopold Dahmen. Seine Initialen gaben dem **EL-DE-Haus** 1 den Namen. Das Gericht lag gleich nebenan und zum Kölner Zentralgefängnis, Klingelpütz genannt, war es ebenfalls nicht weit. Hier saßen die Gestapo-Häftlinge ein und wurden zum Verhör in die Zentrale am Appellhofplatz gebracht.

»Köpfe müssen rollen nach dem Krieg«

In der Endphase des Krieges aber verbrachten die Häftlinge – überwiegend Zwangsarbeiter und Kriegsgefangene – manchmal Monate im Hausgefängnis im Keller des EL-DE-Hauses, mitunter eingepfercht zu 30 Personen auf nicht einmal 10 m². Jeder, der hier festgehalten wurde, musste mit seiner Ermordung rechnen. Spätestens seit Oktober 1944 stand im Hof ein mobiler Galgen, an dem sieben Menschen gleichzeitig hingerichtet werden konnten. Rund 1800 Inschriften an den Zellenwänden, darunter mehr als ein Drittel in kyrillischer Schrift, erzählen von der Folter, von der Ungewissheit und Todesangst, aber auch vom Widerstand.

Diese Zeugnisse des Terrors blieben erhalten, weil das EL-DE-Haus den Bombenhagel nahezu unversehrt überstand und direkt nach dem Krieg von städtischen Ämtern genutzt wurde. In den Kel-

INFOS/ÖFFNUNGSZEITEN

EL-DE-Haus/NS-Dokumentationszentrum 1: Appellhofplatz 23–25, T 0221 221 263 32, www.museenkoeln.de/NS-Dokumentationszentrum, Di–Fr 10–18, Sa, So 11–18, 1. Do im Monat 10–22 Uhr, Eintritt 4,50 €, erm. 2 €, Audioguide 2 €

KULINARISCHES FÜR ZWISCHENDURCH

Den ganzen lieben langen Tag können Sie im **Bastian's** ❶ (Auf dem Berlich 3–5, https://bastians-baecker.de, tgl. 8–18 Uhr) frühstücken. Die Brötchen kommen ofenfrisch aus der Backstube. Mittagessen und Kuchen gibt es auch. Ein Plus ist der ruhige Innenhof.

Cityplan: Karte 2, D 5/6 | **U-Bahn:** Appellhofplatz oder Neumarkt lerzellen lagerten Akten, über die so bedeutsamen Inschriften wurde geflissentlich hinweggesehen. Erst 1979 erfolgte auf Druck engagierter Bürger die Gründung des **NS-Dokumentationszentrums** und 1981 wurden die Zellen als **Gedenkstätte** öffentlich zugänglich gemacht. In den ehemaligen Gestapo-Büros unterrichtet seit 1997 die **Dauerausstellung** an 31 Medienstationen bis ins Detail über die Zeit des Nationalsozialismus in Köln: von der Machtübernahme der NSDAP, von der Indoktrination der Bevölkerung – insbesondere der Jugend –, von Rassismus und Antisemitismus, von Widerstand, Krieg und Befreiung. Gedenkstätte, Museum und die angeschlossene Forschungseinrichtung gelten europaweit als einzigartig.

Wider das Vergessen

Im Asphalt vor dem Museumseingang erinnert eine **Messingplatte** daran, dass im ›Mai 1940 – 1000 Roma und Sinti‹ vom Bahnhof Deutz Tief in die Vernichtungslager deportiert wurden. 22-mal verlegte der Künstler Gunter Demnig diese Spur vom sogenannten Zigeunerlager in Köln-Bickendorf quer durch die Stadt bis Deutz.

Einige Schritte weiter Richtung Neumarkt stand an der Stelle der heutigen Oper Kölns größte **Synagoge.** In der Reichspogromnacht am 9. November 1938 wurde sie wie alle jüdischen Gebetshäuser der Stadt in Brand gesetzt. Eine Wandtafel in der Glockengasse macht darauf aufmerksam. Nach dem Krieg wurde einzig die Synagoge an der Roonstraße wieder aufgebaut.

UM DIE ECKE

Unter dem Dach der Neumarkt-Galerie besitzt das **Käthe-Kollwitz-Museum** 2 (Neumarkt 18–24, T 0221 227 28 99, www.kollwitz.de, Di–So 11–18, 1. Do im Monat 11–20 Uhr, Eintritt 6 €, erm. 3 €) die heute weltweit umfangreichste Sammlung der Künstlerin: neben dem kompletten plastischen Werk mehr als 300 Zeichnungen und über 550 druckgrafische Blätter sowie alle Plakate. Käthe Kollwitz setzte mit ihren Arbeiten ein Zeichen gegen Krieg, Unterdrückung und soziale Ungerechtigkeit. Die Nazis ächteten ihr Werk als entartete Kunst und ließen ihre Exponate 1936 aus der Berliner Akademieausstellung entfernen.

Über 3000 ›nicht angepasste‹ Jugendliche – Sammelbegriff **Edelweißpiraten** – verfolgte die Kölner Gestapo ab Ende der 1930er-Jahre mit zunehmender Härte. Auch sie hinterließen Spuren in den Folterkellern am Appellhofplatz. In Köln steht der Name Edelweißpirat heute als Synonym für Zivilcourage. Im November 1944 wurden einige teils noch minderjährige Widerständler in Ehrenfeld öffentlich hingerichtet. Eine Gedenktafel und Wandbilder an der Bahnunterführung in der Schönsteinstraße würdigen die NS-Opfer.

Geschätzte Stadtpatrone – **St. Gereon und St. Ursula**

Gereon und Ursula – so heißen die beliebtesten Heiligen der Stadt. Um die Verehrung der Kölner zu erwerben, genügte aber nicht der Märtyrertod. Es bedurfte vielmehr einer mörderischen Geschichte, die sich gewinnbringend vermarkten ließ. So konnten die Knöchelchen der Heiligen tausendfach in bare Münze verwandelt werden.

Die fromme Überlieferung will, dass sowohl Gereon als auch Ursula vor den Toren Kölns wegen ihres Glaubens gemeuchelt wurden. Über den vermeintlichen Gräbern der Märtyrer entstanden schon früh erste Gebetshäuser, die ab dem 11. Jh. prachtvoll ausgebaut wurden.

Das Dekagon von St. Gereon zeugt von der Genialität mittelalterlicher Baukunst.

Von gottesfürchtigen Kriegern ...

Helena, die Mutter des römischen Kaisers Konstantin des Großen, soll die erste **Gereonskirche** 1 gegründet und darin die Gebeine des hl. Gereon und seiner Gefährten beigesetzt haben – eine historisch unhaltbare Legende! Helena starb um 336, die Kirche aber entstand Ende des 4. Jh. Der Bau auf ovalem Grundriss war wegen der Ausschmückung mit Mosaiken auf Goldgrund unter dem Namen *Ad Aureos Sanctos* (Zu den Goldenen Heiligen) bekannt. Im 11. und 12. Jh. wurde der Langchor mit flankierenden Türmen und Apsis angebaut, Anfang des 13. Jh. dann das antike Oval mit einem Zehneckbau, dem Dekagon, ummantelt.

Noch heute versetzt das Dekagon mit einer Höhe von 35 m Besucher in Staunen. Nach starker Kriegszerstörung war sein Wiederaufbau 1985 vollendet. Die blutrote Ausmalung der Kuppel und die farbintensiven Fenster von Georg Meistermann in den oberen Geschossen erinnern an das Martyrium der hier verehrten Heiligen. In einer Nische des Dekagons steht unscheinbar die sogenannte Blutsäule. Über diesen Säulenstumpf soll das Blut Gereons geflossen sein.

Gereon und seine Gefährten waren römische Soldaten und stammten aus Theben in Oberägypten. Kaiser Diokletian und Kaiser Maximian beorderten die 50 Mann starke Truppe an den Rhein, um gegen aufständische christliche Gemeinden vorzugehen. Die Thebäer aber waren ebenfalls Christen und verweigerten die Anbetung der römischen Götter. Und so kam es, dass die Soldaten selbst wegen ihres Glaubens verfolgt und schließlich vor den Toren Kölns enthauptet wurden. Ihre Leichname warf man in einen Brunnen.

Dass rund um St. Gereon immer wieder ›Gebeine der Märtyrer‹ auftauchten, verwundert nicht weiter. Schließlich steht die Kirche auf einem römischen Gräberfeld. Da die Kölner es schon damals faustdick hinter den Ohren hatten, war schon bald von über 400 Gemarterten die Rede. Denn nicht zuletzt bestimmte die Anzahl an Reliquien die Heiligkeit eines Ortes und zog entsprechend viele Pilger an.

In der Krypta (bitte Gebetsruhe wahren!) sind Steinsarkophage mit den sterblichen Überresten der Märtyrer aufgestellt. Sehenswert sind hier jedoch vor allem die staufischen Fußbodenmosaike

Die Gereonslegende hat den türkischen Künstler Iskender Yediler dazu inspiriert, das abgeschlagene Haupt des hl. Gereon aus Granit zu hauen. Die monumentale Skulptur liegt auf dem Gereonsdriesch 2*, dem einstigen Weide- und Futterplatz östlich der Kirche. Dass sich hier auch ein Werk von Josef Beuys befindet, ist kaum bekannt. Dabei ist das Thema aktueller denn je. Im Rahmen der Ausstellung »Raum Zeit Stille« pflanzte der Künstler 1985 gleich neben der viel befahrenen Christophstraße drei Linden, jede flankiert von einer kleinen Basaltstele. Er knüpfte damit an sein Documenta-Projekt »7000 Eichen« von 1982 an, das zur Aufforstung des Stadtraums aufforderte.*

Hinter einem bezaubernden Lächeln verbergen die Reliquienbüsten in der Goldenen Kammer makabres Gerippe.

aus dem frühen Mittelalter. Reste der ursprünglichen romanischen Bemalung blieben in der Apsis und in der Taufkapelle erhalten.

... und frommen Jungfrauen

Noch stärker als die Legende des hl. Gereon ist die der britannischen Königstochter Ursula im Bewusstsein der Kölner verankert. Sogar das Stadtwappen erinnert mit elf schwarzen Flammen an die christliche Jungfrau und ihre Begleiterinnen, die vor den Toren Kölns von den heidnischen Hunnen niedergemetzelt wurden. Ein Heer von Engeln rächte das Blutbad, schlug die Barbaren in die Flucht und rettete Köln vor der Zerstörung.

Die romanische Emporenbasilika **St. Ursula** 3 (12. Jh.) ist ganz und gar diesem legendären Ereignis gewidmet. Schon die goldene Krone auf der barock geschwungenen Kirchturmhaube weist von weitem darauf hin, dass das Gotteshaus der Königstochter geweiht ist. Der im 13. Jh. im gotischen Stil errichtete Chor der Kirche gleicht einem monumentalen Reliquienschrein. Seine elf Fenster stehen symbolisch für die Zahl der getöteten Jungfrauen. Innen im Chor erzählt ein Gemäldezyklus von 1456 auf 19 Holztafeln aus Ursulas Leben. Auch die Schreine der Heiligen und ihres Verlobten Ätherius sind in der Kirche zu sehen.

In der Kardinal-Frings-Straße zeigt die Katholische Kirche Präsenz: auf der einen Seite das **Priesterseminar** und das **Erzbischöfliche Haus** 4, gegenüber das Tagungszentrum des Erzbistums Köln im **Maternushaus** 5. Zu seinen Erzbischöfen pflegt der Kölner nicht erst seit den Missbrauchsskandalen kritische Beziehungen. Ob der Erzbischof deshalb hinter hohen Mauern wohnt?

Schaurig schön

Vor allem aber gibt die **Goldene Kammer** der Ursulalegende Nahrung. Die Wände des 1643 an die Kirche angebauten Reliquienraums sind bis in die Gewölbe kunstvoll mit Gebeinen verkleidet. Rund 700 Schädel liegen, in kostbar bestickten Samt gehüllt, verborgen in golden verzierten

INFOS/ÖFFNUNGSZEITEN

Internet: www.katholisch-in-koeln.de, Stichwort: Kirchen & Menschen
St. Gereon 1: Gereonshof 4, tgl. 10–18, Kurzführung 2. So im Monat gegen 12 Uhr
St. Ursula 3: Ursulaplatz 30, Vorhalle tgl. 10–17; gesamte Kirche inkl. Goldene Kammer Di–Sa 10–12, 15–17, So 15–17 (unter Vorbehalt), Goldene Kammer 2 €

KULINARISCHES FÜR ZWISCHENDURCH

Wie das Brauhaus **Schreckenskammer** 1 (Ursulagartenstr. 11–15, T 0221 13 25 81, http://schreckenskammer.com, Di–Do 16.30–23, Fr, Sa 11–14, 16.30–24 Uhr) zu seinem Namen gekommen ist, erfahren Sie bei einem selbst gebrauten Schreckenskammer-Kölsch. Der Flair der 1970er-Jahre mit bunt gewürfeltem Mobiliar und einem Angebot an Brettspielen weht durch das **Café Stövchen** 2 (Ursulakloster 4–6, So–Fr 11–23 Uhr).

DESIGNHERBERGE

Vor der Gereonskirche fällt der Blick auf die verspielte neogotische Fassade des alten Stadtarchivs. Dort hat **The Qvest** 1 (Gereonskloster 12, www.qvest-hotel.com) ein hochpreisiges Designhotel eingerichtet. Der Blick in Lobby und Treppenhaus gibt einen ersten Eindruck.

Cityplan: C/D 4 | **U-Bahn:** Christophstr.

Schränken. Aus den umlaufenden Regalen blicken mehr als 120 Reliquienbüsten (13.–17. Jh.) auf den Besucher hinab. Trotz des unverwechselbaren ›kölnischen Lächelns‹, das ihr Antlitz umspielt, tragen sie zur schaurigen Faszination dieses außergewöhnlichen Ortes bei.

Nun werden Sie sich fragen, woher all diese Skeletteile stammen. Wie die Gereonskirche, so steht auch St. Ursula auf einem römischen Gräberfeld. Bei Bauarbeiten im Zuge der zweiten Stadterweiterung 1106 stieß man auf menschliche Überreste, die flugs Ursula und ihrer Entourage zugeschrieben wurden. Und da es sich um sehr viele Gebeine handelte, wurden aus den ursprünglich elf schließlich 11 000 Jungfrauen, zuzüglich männlicher Begleiter. Mit den heiligen Knöchelchen ließen sich gute Geschäfte machen, waren sie doch für den mittelalterlichen Menschen ein fassbarer Beweis des Glaubens. In Reliquienbehältnisse verpackt, waren sie seinerzeit ein Kölner Exportschlager.

Flanieren am Strom – im Rheinauhafen

Köln liegt bekanntlich am Rhein und der ist – neben dem Dom – das größte touristische Pfund der Stadt. Dennoch blieb das Potenzial des ehemaligen Hafengebietes südlich der Altstadt lange Zeit unbeachtet. Längst aber hat sich der Rheinauhafen zu Kölns attraktiver Schauseite am Strom gemausert.

Zugang zum Hafen gibt im Norden eine eiserne **Drehbrücke.** Bei Bedarf wird sie für den Schiffsverkehr geöffnet, denn das Hafenbecken dient heute Sportbooten als sicherer Liegeplatz. Den Brückenmechanismus birgt der verwunschen wirkende **Malakoffturm** 1, ein Relikt der preußischen Uferbefestigung. Beliebter Treffpunkt zu seinen Füßen ist die **Hafenterrasse** 1. Hier hält auch der **Schoko-Express,** der zwischen Dom und Schokoladenmuseum pendelt.

Auf der Suche nach dem besten Fotomotiv im Rheinauhafen – von der Severinsbrücke aus ergeben sich interessante Perspektiven.

Süß und sportlich

Als 1993 das **Schokoladenmuseum** 2 öffnete, kamen die Kölner erstmals nach fast genau 100 Jahren wieder vergnügungshalber auf die Rheinauhalbinsel. In früheren Zeiten hatten sie die ehemals natürliche Insel, das Werthchen, zum Baden und Flanieren genutzt. Der Ausbau des Hafens Ende des 19. Jh. bedeutete das Aus für diese beliebte Sommerfrische.

An der Einfahrt zum Jachthafen schiebt sich das Museum wie ein Schiffsbug in den Strom hinein. Geschickt verbindet sich der Bau aus Glas und Aluminium mit den Neorenaissanceformen des ehemaligen Hauptzollamts. Von der Kakaobohne, die im hauseigenen Regenwald heranreift, bis zur Praline werden alle Schritte der Schokoladenproduktion erklärt. Stets umlagert ist der Schokobrunnen, immer gut besucht das Chocolat Grand Café. Den Chocolat Shop verlässt wohl niemand ohne eine süße Köstlichkeit, das Angebot, etwa ein Schokoladendom, ist definitiv zu verlockend.

Als zweite Attraktion des Hafens wurde sechs Jahre später in der ehemaligen Zollhalle 10 das **Sport & Olympia Museum** 3 eingerichtet. In den alten Backsteinmauern wird 3000 Jahre Sportgeschichte multimedial sowie anhand von Originalobjekten präsentiert. Das Kunstrasenspielfeld auf dem Museumsdach animiert dazu, bei bester Rheinsicht eine Runde zu kicken. Den Ausblick können Sie aber auch von der Terrasse des Bistros aus bei Kaffee oder Kölsch genießen.

Das Sport & Olympia Museum macht vor der Zollhalle 10 mit dynamischen Kunstwerken auf sich aufmerksam.

Begegnung von Alt und Neu

2002 erfolgte dann endlich der erste Spatenstich für den Bau des neuen Veedels an der Rheinfront. Sein Symbol sind die drei **Kranhäuser** 4, ein Entwurf von Bothe Richter Teherani (Hamburg) und Linster Architekten (Trier). Sie dominieren nicht nur die Silhouette des Rheinauhafens, sondern verleihen dem gesamten Stadtpanorama ein neues Gesicht – für manchen Traditionalisten ein Gräuel. Vom Parterre des mittleren Kranhauses aus ist **Ox&Klee** 2 der Griff zu zwei Sternen geglückt. Unter die gigantischen Ausleger der gläsernen Riesen ducken sich mit den **Hallen 11 und 12** 5 zwei frühe Beispiele für ästhetischen Stahlbetonbau. Der Clou im Erdgeschoss von Halle 11 ist ein gutes Dutzend stilvoller Säulen, die ein Kreuzrip-

Die mittelalterliche Stadtfeste steht heute für Frauen-Power. 1994 verwandelte das Feministische Archiv und Dokumentationszentrum unter der damaligen Chefin Alice Schwarzer den Festungsbau in den FrauenMediaTurm.

pengewölbe aus Backstein tragen. Der einzigartige Raum war allerdings nicht zu vermarkten und wurde bedauerlicherweise zerstückelt. Nun trainieren hier Gruppen in acht **Escape Rooms** (https://teamescape.com) bei der Lösung kniffliger Rätsel den Teamgeist.

An der Stadtseite des Hafenbeckens beglückt das **art'otel** 1 (https://artotelcologne.com) seine Gäste mit außergewöhnlicher Aussicht und den Original Kunstwerken der Koreanerin SEO. Zu den ambitioniertesten Neubauten am stadtnahen Hafenkai zählt das **Rheinau ArtOffice** 6, das mit dem Computerriesen Microsoft einen prominenten Mieter gewinnen konnte. Der benachbarte ehemalige Getreidespeicher ist bereits seit den späten 1980er-Jahren ein Hort der Kreativität: Im **Kunsthaus Rhenania** 7 arbeiten etwa 30–40 Kunstschaffende unterschiedlicher Richtungen. Neben Ausstellungen sucht die Künstlergemeinschaft mit Konzerten, Theater und Tanz ein größeres Publikum anzusprechen.

Auf dem **Harry-Blum-Platz** öffnet **Bay Cologne** 1 in der schönen Jahreszeit einen Biergarten und lädt in lauen Nächten zu **naturstrom-openairkino** und anderen Veranstaltungen auf die Freitreppe ein, die hinab ins Hafenbecken führt. Über alle Events wacht die romantische Silhouette des alten **Hafenamtes** 8, dem Treppengiebel und Erkertürmchen die Allüre eines Schlösschens verleihen.

Am Mittelboulevard weiter südlich behauptet der **Bayenturm** 9 (um 1220) – jahrhundertelang markanter Blickfang an der Rheinfront – zwischen modernen Bauten trutzig seine Stellung. Die südöstliche Eckbastion der romanischen Stadt- und Rheinmauer galt nach dem Sieg der Kölner über den Erzbischof als Symbol der Bürgerfreiheit (s. auch Bild und Legende oben).

In der **Tiefgarage** unter dem Rheinauhafen können Sie sich verlaufen. Schließlich misst sie 1,6 km und hält damit fast Weltrekord. Eine längere gibt es nur in New York. Bei der Orientierung hilft ein ausgeklügeltes Farbkonzept, das 2010 mit dem renommierten ›red dot design award‹ ausgezeichnet wurde. Nun kann nur noch ein Rheinpegel von über 9,40 m das Wiederauffinden des Autos gefährden, denn bei diesem Wasserstand wird die Garage geräumt.

Exklusives Wohnen im Silo

In Verlängerung des Ubierrings öffnet der **Elisabeth-Treskow-Platz** eine Sichtachse zwischen Stadt und Strom. Am Rheinufer jedoch stolpert der Blick über ein kleines, kompaktes Gebäude, die **Rheinbastion** 10. Hinter ihren starken Mauern lagerten

INFOS/ÖFFNUNGSZEITEN

Internet: www.rheinauhafen-koeln.de
Schokoladenmuseum Köln 2: Am Schokoladenmuseum 1a, T 0221 931 88 80, www.schokoladenmuseum.de, tgl. 12–18 Uhr, Nov. Mo, Anfang Jan.–Mitte März geschl., Eintritt 14,50 €, erm. 8,50 €
Deutsches Sport & Olympia Museum 3: Im Zollhafen 1, T 0221 33 60 90, www.sportmuseum.de, Di–So 10–18 Uhr, Eintritt 9,50 €, erm. 6,50 €
Kunsthaus Rhenania 7: Bayenstr. 28, www.kunsthaus-rhenania.de
FrauenMediaTurm 9: im Bayenturm, T 0221 931 88 10, https://frauenmediaturm.de, Bibliothek Mo–Fr 10–17 Uhr, Führungen 4. Mi im Monat, 17 Uhr, jeweils nur nach Voranmeldung

---

KULINARISCHES & UNTERHALTUNG

Hafenterrasse 1: Am Schokoladenmuseum 1a, April–Okt. bei gutem Wetter So–Do 11–22, Fr, Sa 11–23 Uhr
Ox&Klee 2: Im Zollhafen 18, T 0163 852 84 55, https://oxundklee.de, Mi–Sa 18.30–24 Uhr, €€€
Bay Cologne 1: Harry-Blum-Platz, www.bay-cologne.de, Biergarten tgl. ab 19 Uhr, Filmbeginn 20–22 Uhr
Limani 3: Agrippinawerft 6, T 0221 719 05 90, www.limanicologne.de, tgl. 12–24 Uhr, *mezedes* €, HG €€–€€€
Joseph's: Im Silo 23 12, Agrippinawerft 22, T 0221 16 91 73 00, www.josephs-koeln.de, tgl. 18–24, an ausgewählten Feiertagen 12–24 Uhr, €€€
Taquería Los Carnales: Im KAP am Südkai 13, Agrippinawerft 30, www.loscarnales.de, Mo–Fr 17–23, Sa, So 12–23 Uhr, €–€€
Johann Schäfer Biergarten: Beim KAP am Südkai 13, www.johann-schaefer.de.

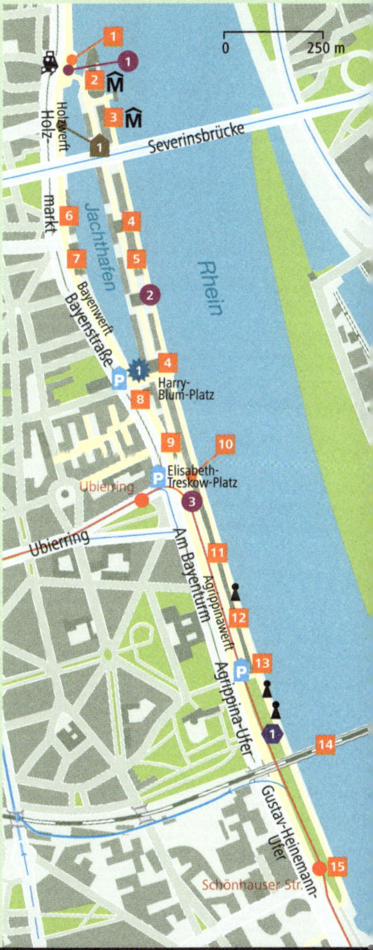

Cityplan: E/F 7–10 | **U-Bahn:** Heumarkt, Ubierring, Schönhauser Str. | **Bus:** 133

Am Rheinufer blieben mehrere Kräne als Symbole der hundertjährigen Hafengeschichte erhalten. Vor dem Siebengebirge reckt sich der moderne Kran 31a (Bild) in den Himmel, älteren Baujahrs sind Kran 34 und der klobige Veteran Herkules vor dem Kap am Südkai.

die Preußen schwere Geschütze, um im Ernstfall die Sicherung des Rheinstroms zu gewährleisten. Heute werden im Kiosk im Erdgeschoss Crêpes gebacken. Für urbanes Leben auf dem weitläufigen Platz sorgt im **Rheinkontor** das griechische Restaurant **Limani** 3, zu Deutsch ›Hafen‹. Das Publikum räkelt sich auf bequemen Sonnensofas und genießt die Aussicht. Auf der Terrasse am Kontorhaus und im edel dekorierten Speiseraum werden griechisch-mediterrane Speisen serviert – nicht gerade günstig, aber die exklusive Lage gibt es her.

Kein anderes Gebäude im Hafen demonstriert die geglückte Neunutzung der alten Speicherhäuser so gut wie das **Siebengebirge** 11. Neun Giebel in auffälligem Safrangelb zeigt das denkmalgeschützte Gebäude an der Rheinseite. Die sieben Giebel zum Land hin legten die Assoziation mit der rheinaufwärts gelegenen Hügelkette nahe. Der Umbau des Getreidesilos war eine Herausforderung. Vor allem die Ausleuchtung der tiefen Räume erwies sich als problematisch, die Vermarktung der sündhaft teuren Luxusapartments hingegen als ein Kinderspiel. **Silo 23** 12 gleich nebenan war bereits dem Abriss geweiht, als ein mutiges Investorenteam sich an den Umbau des fensterlosen Klotzes wagte. Im Erdgeschoss pflegt **Joseph's** die raffinierte österreichische Küche.

Das hoch aufragende gläserne **KAP am Südkai** 13 bildet den grandiosen Abschluss des Rheinauhafens oder – je nach Sichtweise – sein einladendes Entree im Süden. Parterre serviert die **Taquería los Carnales** mexikanisches Streetfood. Auf der großen Terrasse vor dem Kap bewirtet der **Johann Schäfer Biergarten.** Bei einem kalten oder warmen Getränk sowie Bratwurst Spezial oder Waffeln wandert der Blick von den alten Hafenkränen hinüber zu den markanten Bögen der **Südbrücke** 14, über die regelmäßig Güterzüge rattern, und weiter zu den Kids auf der benachbarten **Skate Plaza Kap686** 1.

UM DIE ECKE

Nach Einbruch der Dunkelheit setzt das **Hochwasserpumpwerk Schönhauser Straße** 15 farbige Akzente am Rheinufer. Je nach Pegelstand leuchtet das kubische Gebäude von beruhigendem Grün bis zu alarmierendem Rot. Tagsüber zeigt sich die Gitterkonstruktion in unscheinbarem Metallgrau.

Kölnkosmos – **Südstadt**

Die Südstadt ist fast schon ein Mythos. In den späten 1970er-Jahren entwickelte sie sich zur Hochburg von Studierenden und Künstlern, Alternativen und politisch Aktiven. Ihre Kneipenlandschaft war auch außerhalb Kölns legendär. Die Kölschrockband BAP hat hier ihre Wurzeln.

Später stahlen andere Viertel der Südstadt die Show. Doch der Stern des Südens ist nie ganz erloschen und gewinnt durch den benachbarten Rheinauhafen wieder an Strahlkraft. Dreh- und Angelpunkt der Südstadt ist der **Chlodwigplatz** mit der Severinstorburg. Ob vor oder hinter diesem mittelalterlichen Stadttor, an nahezu jeder Straßenecke befindet sich eine Kneipe. Die Palette reicht vom Brauhaus bis zur Cocktailbar, vom Döner bis zum Gourmet-Restaurant. Dazwischen finden sich kleine individuelle Läden und Ateliers.

Sommer in der Südstadt: Da kann selbst ein zugeparkter Kreisverkehr zur Idylle werden. Am sogenannten Eierplätzchen vor dem Römerpark spielt eine Band kubanische Musik.

INFOS/ÖFFNUNGSZEITEN

St. Severin 2: Severinskirchplatz, www.st-severin-koeln.de, Mo–Fr 10–17.30, Sa 10–13, So 13–17 Uhr, Führungen über Domforum (► S. 23)

ESSEN UND AUSGEHEN

Ludari 1: Severinstr.50, 0221 801 87 68, www.ludari.de, Di–Do 10–18, Fr, Sa 10–21 Uhr, €

Haus Müller 2: Achterstr. 2, 0221 932 10 86, www.haus-müller-köln.de, Mi–Mo ab 17 Uhr, Küche 17–22 Uhr, €€

Café Walter 3: An der Bottmühle 13, 0221 39 75 77 75, www.cafewalter.koeln, tgl. 10–18 Uhr, €

Oxin 6: Alteburger Str. 35, T 0221 932 24 64, www.oxin-restaurant.de, Mi–So 12.30–14.30 (auf Anfrage), 18–24 Uhr, €

Rosticceria Massimo 7: Alteburger Str. 41, T 0221 348 96 01, www.rosticceria-massimo.de, Mo–Fr 12–24, Sa, So 17–24 Uhr, €

Früh em Veedel 1: Chlodwigplatz 28, T 0221 31 44 70, www.fruehemveedel.de, Mo–Do 16–24, Fr, Sa 11–1 Uhr

Chlodwig-Eck 3: Annostr. 1–3, https://chlodwig-eck.de, tgl. ab 17 Uhr

Ubierschenke 4: Ubierring 19, https://ubierschaenke-koeln.de, Mo–Fr ab 11, Sa, So ab 13 Uhr

Cityplan: E/F 8/9| **U-Bahn:** Chlodwigplatz

Die Mischung macht's

Besonders an Karneval herrscht rund um die **Severinstorburg** 1 farbenprächtiger Trubel. Unter ihrem Gewölbe schallen die Sambatrommeln besonders gut. An Weiberfastnacht dient das wuchtige Gemäuer als Kulisse für die unglückliche Liebesgeschichte von Jan und Griet (► S. 31), am Karnevalssonntag ist sie in der Regel Ausgangspunkt der Schull- und Veedelszöch sowie einen Tag später des Rosenmontagszugs.

Strategisch günstig liegt gleich daneben der **Früh em Veedel** 1 – der Inbegriff der kölschen *Weetschaff op d'r Eck*. An der Theke, wo das Kölsch direkt vom Fass gezapft wird, trifft nicht nur an Karneval ein buntes Völkchen aufeinander: Urkölner und Imis, Angestellte der nahen TH und Künstler, Spießer und Alt-68er. Nur Veggis und Veganer sind hier eher seltene Gäste. Gratis zum Bier gibt es den neuesten Tratsch aus der Nachbarschaft. Von der Torburg führt die Severinstraße geradewegs hinein ins *Vringsveedel*.

Über das Viertel wacht **St. Severin** 2 (▶ S. 83), eine der zwölf romanischen Kirchen Kölns, auch wenn der Turm auf Gotik tippen lässt. Der Kirchenpatron, im Dialekt heißt er *Vrings*, war laut Überlieferung um 400 der dritte Kölner Bischof. Noch weiter zurück in die Vergangenheit des Viertels geht's unter der Kirche. Hier stießen die Archäologen auf einen römischen Friedhof mit unzähligen Grabplatten, Urnen und Sarkophagen.

Der Brunnen auf dem Kirchplatz hält die Erinnerung an die jungen Frauen wach, die morgens in den sogenannten *Kamelle*-Dom zur Arbeit strömten. Von 1872 bis 1975 war die Süßwaren- und Schokoladenfabrik **Stollwerck** großer Arbeitgeber im Severinsviertel. Den Abriss der Fabrikgebäude konnte auch die spektakuläre Hausbesetzung 1980 nicht stoppen.

Zu Füßen der Kirche hat sich die **Severinstraße** mit allerlei Läden zur kölsch-mediterranen Genussmeile entwickelt. Die Nudelzeit mittags im Feinkostladen **Ludari** 1 mutet an wie ein Kurztrip nach Neapel. Nach Frankreich hingegen versetzt eine Einkehr unter der großen Markise von **Haus Müller** 2 auf der vielleicht schönsten Restaurant-Terrasse des Viertels. Rund um den idyllischen Platz an der Eiche warten einige Ateliers auf Entdeckung.

Die Kultkneipe der Südstadt ist das **Chlodwig-Eck** 3. Zur Eröffnung in der Annostraße 1979 spielte BAP. Wolfgang Niedecken und seine Musikerfreunde gingen hier ein und aus ebenso wie Künstler und Studenten der nahen Kölner Werkschule am Ubierring. Hinter dem Tresen stand Wirt Clemens Böll. Und selbst sein berühmter Schriftsteller-Onkel Heinrich kehrte ab und an ein.

Lange vor Gabi Köster oder Carolin Kebekus rockte Trude Herr als kölsche Kabarettistin und Sängerin die Bühne. Schlagfertigkeit gepaart mit Sentimentalität und einem Schuss Vulgarität waren das Markenzeichen des Urgesteins kölschen Humors. Auch jüngere Jahrgänge kennen ihr Lied »Ich will keine Schokolade, ich will lieber einen Mann...«. Ihr Theater an der Severinstraße macht heute unter dem Namen Odeon 2 (www.odeon-koeln.de) anspruchsvolles Programmkino.

Die Ubierschenke 4 zählt zu den Urgesteinen der Südstadt. Ausgelassene Stimmung herrscht immer, wenn der FC ein Tor schießt. Bei Niederlagen tröstet ein frisches Kölsch.

Wenn Sie ein spätes Frühstück – herzhaft oder süß – einnehmen möchten, gibt es keine Alternative zum **Café Walter** 3 an der **Bottmühle** 3. Der verwunschen wirkende Turm ist ein Überbleibsel der mittelalterlichen Stadtbefestigung. Wen es nur nach einem Eis gelüstet, hat die Qual der Wahl zwischen den benachbarten italienischen Gelatomeistern **Settebello** 4 (Alteburger Str. 5) und **Eiscafé Forum** 5 (Ubierring 24).

Die Welt zu Gast

Südlich von Karolinger- und Ubierring erstreckt sich stadtauswärts beidseits der viel befahrenen Bonner Straße die Neustadt mit teils breiten Alleen und herrschaftlicher Gründerzeitarchitektur. Überall laden Restaurants und Imbisse mit Speisen aus aller Welt zu kulinarischen Ausflügen ein. Einen kleinen Vorgeschmack darauf geben die ersten Meter auf der **Alteburger Straße** südwärts. Für einen Imbiss empfehle ich hier die persischen *mezze* und andalusischen Tapas im **Oxin** 6 oder Pizza und Pasta in der winzigen **Rosticceria Massimo** 7. Danach können Sie hinüber zum **Römerpark** vor dem schlossähnlichen Gebäude der **Alten Universität** 4 (heute TH Köln) schlendern, wo häufig die Boulekugeln klacken. Noch mehr Entspannung finden die Südstädter im nahen **Friedenspark,** der auf dem alten preußischen **Fort I** 5 angelegt wurde.

Auf dem Bauspielplatz im Friedenspark toben sich die jungen Südstädter aus. »Eltern verboten« heißt es am Zugang. Aber einen Einblick in das fantasievolle Kinderreich können große Leute zumindest beim Blick über den Zaun gewinnen.

UM DIE ECKE

Das **Bürgerhaus Stollwerck** 5 (Dreikönigenstr. 23, www.buergerhaus-stollwerk.de) in einem alten preußischen Amtsgebäude sorgt für ein vielseitiges Veranstaltungsprogramm in der Südstadt. In die Welt des Jazz entführt das **Alte Pfandhaus** 6 (Kartäuserwall 20, https://altes-pfandhaus.de). Im intimen Konzertsaal kommen aber auch Fans klassischer Musik auf ihre Kosten. Nebenan fördert das **Kunsthaus KAT 18** 6 samt **KAT18 Kaffeebar** (Kartäuserwall 18, www.kunsthauskat18.de, Di–Fr 11–18 Uhr) die Begegnung mit behinderten Künstlern und deren Arbeiten. *Die* Adresse für Bühnenkunst in der Südstadt ist das **Comedia Theater** 7 (Vondelstr. 4–8, www.comedia-koeln.de), das mit der **Wagenhalle** (www.wagenhalle.de) auch eine attraktive Gastronomie besitzt.

Kölns kreatives Quartier – **das Belgische Viertel**

Zwischen Aachener Straße und Venloer Straße, Ring und Bahndamm prägen Mode und Design das Leben. Rund um den Brüsseler Platz treffen Sie auf einen frischen Look jenseits des Mainstreams, auf eine sympathische Gastronomieszene und auf ausgefallene Kunstkonzepte.

Wegen seiner Straßen und Plätze mit Namen von belgischen (und holländischen) Städten und Provinzen wurde die westliche Neustadt Belgisches Viertel getauft. Mit seinen großen schönen Häusern aus Jugendstil und Gründerzeit zählt es zu den begehrtesten zentrumsnahen Wohnlagen. Besondere Sehenswürdigkeiten gibt es nicht zu bestaunen, aber unzählige Restaurants sowie

Manche Hauswand, manchen Hinterhof im Belgischen Viertel schmückt Streetart. Genaues Hinsehen lohnt sich!

KULINARISCHES FÜR ZWISCHENDURCH

Café Bauturm: Im gleichnamigen Theater 2, Aachener Str. 24–26, www.cafe-bauturm.de, tgl. ab 9 Uhr, €–€€
Salon Schmitz 1: Aachener Str. 28, T 0221 139 55 77, http://salonschmitz.com, tgl. ab 9 Uhr, €–€€
Herr Pimock 2: Aachener Str. 52, T 0221 51 18 66, www.herrpimock.de, Mo–Do ab 10, Sa, So ab 9 Uhr, €–€€
Ouzeria 3: Brüsseler Str. 68, T 0221 51 39 98, https://ouzeria-koeln.de, Mi–Sa ab 17, Sa auch 12–15 Uhr, €–€€
Brüsseler 4: Brüsseler Platz 1, T 0221 96 02 89 21, www.bruesseler-koeln.de, Di–Fr ab 17, Sa ab 14 Uhr, €
Hallmackenreuther 5: Brüsseler Platz 9, T 0221 51 79 70, tgl. ab 10 Uhr, €

SHOP TILL YOU DROP

Boutiquen 1–2: Kernöffnungszeiten Di–Fr 12–18, Sa 12–16 Uhr
Siebter Himmel 3: Brüsseler Str. 67, www.siebterhimmel.de, Mo–Sa 10–19 Uhr

THEATER & MEHR

Volksbühne am Rudolfplatz 1: Aachener Str. 5, T 0221 25 17 47, http://volksbuehne-rudolfplatz.de
Theater im Bauturm 2: Aachener Str. 24–26, T 0221 951 44 31, Tickets T 0221 52 42 42, www.theaterimbauturm.de
Zum Goldenen Schuss 3: T 0221 99 87 86 59, Mo–Fr ab 19, Sa ab 14 Uhr
Lorbass 4: Antwerpener Str. 34, T 0173 277 77 97, Mi– Sa ab 20 Uhr

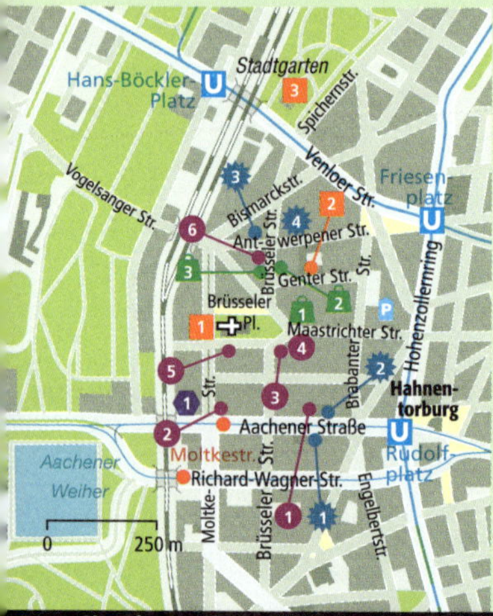

Cityplan: A/B 4–6 | **U-Bahn:** Rudolfplatz

Clubs und Theater machen den Stadtteil zum angesagten Szenetreff. Zudem gilt das Belgische Viertel auch als *der* Hotspot für eine Shoppingtour.

Nördlichste Stadt Italiens

Selbst die viel befahrene **Aachener Straße,** die Hauptausfallstraße Richtung Westen, hat sich zum Erlebnisboulevard gemausert. Im prachtvoll restaurierten roten Theatersaal des legendären Millowitsch-Theaters präsentiert die **Volksbühne am Rudolfplatz** 1 ein abwechslungsreiches Programm aus Musik, Talk, Show, Comedy und manchmal auch Kölschem. Zeitkritische Inszenierungen sind schräg gegenüber im **Theater im Bauturm (TiB)** 2 zu sehen. Im **Café Bauturm** herrscht den ganzen Tag über Betrieb. Durch große Glasfronten lässt sich das Treiben auf der Straße beobachten, während in den hinteren Räumen in Ruhe die Zeitung studiert werden kann. Entschleunigung ist angesagt. Speisen und Getränke sind bio und nachhaltig. Auch im **Salon Schmitz** 1 geht's los mit Frühstück, wobei Kuchen und Quiche ebenfalls zu empfehlen sind – Ihre Wahl treffen Sie nebenan an der Theke der **Metzgerei Schmitz.** Alternativ bietet sich **Herr Pimock** 2 mit urbanem Look zur Einkehr an. Sobald es wärmer wird, expandieren die Cafés auf die Gehsteige. Die Kölner lieben es, im Freien zu sitzen, selbst im dicksten Verkehrsgetümmel. Schließlich gilt Köln als ›nördlichste Stadt Italiens‹.

Südländisches Lebensgefühl herrscht auch auf dem **Brüsseler Platz.** Zu viel sogar, beschweren sich die Anwohner. Denn in lauen Sommernächten ist das lauschige Geviert vor der neoromanischen Kirche **St. Michael** 1 Ziel Hunderter junger Nachtschwärmer. Alle Konzepte des Ordnungsamtes, dem Drang ins Freie Einhalt zu gebieten, haben bislang versagt. Der Platzes wird von Restaurants und Kneipen gerahmt: Während in der **Ouzeria** 3 mediterrane Tapas den großen und kleinen Hunger stillen, sind im gemütlichen **Brüsseler** 4 bei Fußballübertragungen Grillhähnchen und Pommes die Bestseller. Als Institution am Brüsseler Platz gilt das **Hallmackenreuther** 5 mit seinem ausgefallenem Retro-Interieur.

Minigolf mitten in der Innenstadt? Die **Glowing Rooms Köln City** 1 (Aachener Str. 68, www.glowingrooms.com) machen es möglich. Gespielt wird indoor in einer spektakulären 3-D-Schwarzlichtwelt. Auf drei thematischen Parcours in schillernden Farben können die Minigolfer ihr Geschick beweisen.

Shopping Queen

Nicht nur vielfältigste Gastronomieangebote prägen das Umfeld des Brüsseler Platzes, es haben sich auch zahlreiche Boutiquen, Goldschmiedeateliers und Galerien etabliert. Bei

Das Café Bauturm 2 – einer der Pioniere auf der Aachener Straße – ist immer noch angesagt.

▶ INFOS

Le Tour Belgique (www.le-tour-belgique.de) lädt an einem Tag meist im Mai zu Live-Acts, Performances, Konzerten, Modeschauen und anderen Events ins Belgische Viertel ein. Viele Läden, Cafés und Galerien nehmen an der Aktion teil. Auch das **Parkhaus** in der Maastrichter Straße diente bereits als *Catwalk*. Sein oberstes Parkdeck bietet übrigens überraschende Aussichten.

In der Genter Straße betreibt der Verein **Art of Buna** eine **Kunstgalerie** 2 (Nr. 26, https://art-of-buna.de, geöffnet während bei Ausstellungen Fr, Sa 17–20 Uhr), die ihren Fokus auf Kunst und Kultur aus Äthiopien und Ostafrika legt. Der Verein organisiert auch Konzerte, Lesungen und Vorträge sowie unregelmäßig Montagskino. Zu den Ausstellungen und Veranstaltungen können die Besucher den aromatischer Äthiopischen Kaffee *(buna)* kosten.

manchen Läden machen allein die fantasievollen Namen neugierig, bei anderen die Schaufensterdeko oder die stylische Einrichtung.

Gute Laune versprüht in der **Maastrichter Straße** 1 die **boutique fraukayser** (Nr. 40–42), die auf Stickereien aller Art spezialisiert ist. Das bunte Sammelsurium hält manches hübsche Mitbringsel für kleine und große Menschen bereit. Nicht Ihr Geschmack? Dann spricht Sie vielleicht eher die Auswahl an hübschen Wohnaccessoires, Papeterie und Kunstdrucken beim benachbarten **Schee** (Nr. 36) an.

Wer Mode abseits des Mainstreams sucht, kann vom **Brüsseler Platz** aus entlang der **Brüsseler Straße** 2 von Geschäft zu Geschäft hüpfen, angefangen bei **Bob 10.5.10** und **Magasin Populaire** (Brüsseler Platz 6 u. 8), über **belle em veedel** (Brüsseler Str. 57a) und **La Koelsche Vita – Blutsgeschwister** (Nr. 82) bis zu **Fairfitters** (Nr. 77). Einen außergewöhnlichen Weg beschreitet die Buchhandlung **Siebter Himmel** 3, die zwischen den neuesten Literaturempfehlungen auch Design und junge Modelabels aus Skandinavien präsentiert. Während des Ladenhoppings verwöhnt **Ice Cream United** 6 (Brüsseler Str. 71) mit unwiderstehlich cremigem und stets frisch gerührtem *gelato*. Bei Eiswetter muss man öfter mal warten, bis die Trommel mit der Lieblingssorte wieder gefüllt ist. Wer noch nicht das passende Outfit gefunden hat, setzt die Einkaufstour südlich der Aachener Straße fort.

Shoppen macht durstig. Mal gucken, ob die alternative Eckkneipe **Zum Goldenen Schuss** 3 bereits aufgesperrt hat. Wer ein gepflegtes Ambiente im New Yorker Stil der 1920er-Jahre vorzieht, muss sich gedulden bis die **Lorbass Bar & Lounge** 4 öffnet.

→ UM DIE ECKE

Grüne Lunge des Belgischen Viertels ist der **Stadtgarten** 3. Wundern Sie sich nicht, wenn in den alten Baumkronen grüngefiederte Exoten krächzen. Die Halsbandsittiche sind hier zu Hause. Tagsüber genießen meist Eltern mit Kleinkindern die älteste Kölner Grünanlage (1827–29) mit dem schönen Baumbestand sowie die ungezwungene Atmosphäre im Biergarten. Abends mutiert der Stadtgarten zur Partylocation und zur Konzertstätte (▶ S. 107).

Rund um die Piazza – **der MediaPark**

Die Medienmetropole Köln ringt mit Berlin, München und Hamburg um die bundesweite Spitzenposition. Bei der TV- und Filmproduktion hat Köln, so ist immer wieder zu hören, die Nase vorn. Kaum noch lassen sich Passanten – zumindest Einheimische – beeindrucken, wenn Filmteams ganze Straßen absperren und mit wichtigem Getue am Set umherstolzieren.

Um die Medienwirtschaft in Köln anzukurbeln, beschloss der Rat der Stadt 1986, auf dem Gelände des ehemaligen Rangierbahnhofs Gereon einen innovativen Standort für die Branche zu schaffen. Der **MediaPark** war das erste zusammenhängende Neubauviertel, das in Köln nach dem Krieg entstand. Den Entwurf für das räumliche Gesamtkonzept lieferte das kanadische Ar-

Der KölnTurm, in dessen gläserne Haut die Silhouette der Stadt eingraviert ist, wird auch nachts dank einer dynamischen Lichtinstallation zum Blickfang.

INFOS/ÖFFNUNGSZEITEN

Deutsches Tanzarchiv/Photographische Sammlung: KOMED-Haus 4, Im Mediapark 7, www.sk-kultur.de, Do–Di 14–19 Uhr, 1. Do im Monat bis 21 Uhr, Eintritt jeweils 6,50 €, erm. 4 €, 1. Mo im Monat frei

Cinedom 1: Im Mediapark 1, https://cinedom.de

Filmhaus Köln 2: Maybachstr. 111, T 0221 33 77 05 15, https://filmhaus-koeln.de

Filmpalette 3: Lübecker 15, T 0221 12 21 12, www.filmpalette-koeln.de, mit kleinem Kinocafé im Foyer

KULINARISCHES FÜR ZWISCHENDURCH

Osman30: KölnTurm 1, Im Mediapark 8, T 0221 50 05 20 80, https://osman30.de, Di–Sa ab 18.30 Uhr (nur mit Reservierung), €€€

Das **Maybach** 1 (Maybachstr. 111, T 0221 912 35 98, https://maybach111.de, Mo–Fr 12–14.30, Mo–Sa ab 18 Uhr, €–€€) ist der perfekte Ort für eine schöpferische Pause, vor allem wenn der Biergarten geöffnet ist. Die große Wiese vor dem Bahndamm verleiht viel Weitläufigkeit. Eine der schönsten Open-Air-Gastronomien der Stadt!

Cityplan: C/D 3/4 | **U-Bahn:** Christophstr. oder Hansaring

chitekturbüro Zeidler: Gebäudeblöcke, die wie Tortenstücke um eine zentrale Plaza angeordnet sind, und allem vorgelagert, ein Weiher.

Kommerz und Kultur

Weithin sichtbares Wahrzeichen des MediaParks ist der 148,5 m hohe **KölnTurm** 1, den der französische Stararchitekt Jean Nouvel zusammen mit Kohl & Kohl konzipierte. Die Aussicht aus luftiger Höhe im 30. Stock des gläsernen Riesens ist exklusiv den Gästen des Restaurants **Osman30** vorbehalten. Im Westen flankiert ein Hotel der **NH Group** 1 den Büroturm, an den die **Wohnschleife** 2 anschließt. Den Abschluss bildet das **Umspannwerk** 3, dessen drei zackenförmige Dachhauben bei Dunkelheit futuristisch fluoreszieren. Darüber reckt sich der 266 m hohe Fernsehturm **Colonius,** der im Inneren Grüngürtel jenseits des Bahndamms steht.

Rund um die Plaza, die in ihren Maßen der Piazza del Campo in Siena nachempfunden und autofrei ist, arbeiten heute Unternehmen aus den unterschiedlichsten Branchen: von Medien und IT über Handel bis zu Medizin. Dazu kommen Kultur-, Bildungs- und Forschungseinrichtungen

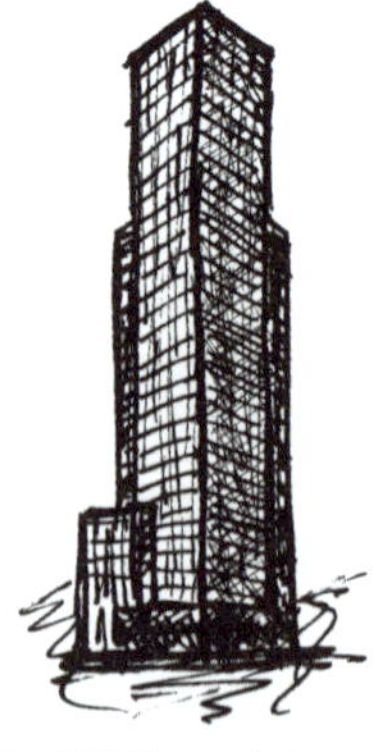

Der KölnTurm wird in der Höhe von den Domtürmen nur knapp geschlagen.

sowie Gastronomie- und Unterhaltungsbetriebe. Das **KOMED-Haus** 4 in **Block 7** dient als Medien-, Kultur- und Veranstaltungsgebäude. Hier präsentiert die Stiftung Kultur der Stadtsparkasse KölnBonn im **Deutschen Tanzarchiv** und in der **Photographischen Sammlung** außergewöhnliche Objekte, darunter die Fotoarbeiten von August Sander sowie von Bernd und Hilla Becher. Wer sich für den Kölner Dialekt interessiert, besucht die Veranstaltungen der **Akademie für uns kölsche Sproch** (www.koelsch-akademie.de) Im Erdgeschoss des Gebäudes entwickelt das Ensemble **musikFabrik** (www.musikfabrik.eu) ausgefallene Kompositionen. Die Montagskonzerte im Hausstudio stellen ein besonders intimes Musikerlebnis dar. Doch allein wegen der zentralen Halle mit den Zick-Zack-Treppenläufen und gläsernen Aufzügen lohnt es, einen Blick in Block 7 zu werfen.

Große, aus Metall gestaltete Gebäudenummern machen die Orientierung im MediaPark kinderleicht.

Spielräume für Cineasten

Größter Publikumsmagnet an der Plaza ist der **Cinedom** 1, der in 14 Sälen mit super bequemen Sesseln Mainstreamkino in technisch perfekter Qualität zeigt. Vor allem am Abend macht der Filmpalast mit der zentralen riesigen Glasrotunde Eindruck. Für Cineasten führt der Weg weiter zum **Filmhaus Köln** 2. In einem ehemaligen Bahngebäude hat es ein Zentrum der Filmkunst und ästhetischen Filmbildung eingerichtet. In seinem Kinosaal läuft ein anspruchsvolles Programm mit Filmen aller Genres. Eingefleischte Kinogänger schätzen auch die nahgelegene **Filmpalette** 3. Das Filmkunstkino präsentiert in zwei kleinen Sälen so manche Rarität.

UM DIE ECKE

Einen Kontrapunkt zum gläsernen KölnTurm setzt die dunkelrote Backsteinfassade von Kölns erstem 1924/25 erbautem Hochhaus. Im **Hansahochhaus** beglückte Saturn ab den 1970er-Jahren in seinem legendären Music Dome die Kundschaft mit der weltweit größten Auswahl an Musikkonserven. Deren Zeit ist abgelaufen. Neue Rekorde setzt nun die Erlebniswelt für Gamer **Xperion** 1 (Hansaring 97, www.xperion-saturn.de, Mo–Sa 13–21/22 Uhr): Auf 3000 Quadratmetern wird gezockt und getestet, auch E-Sports-Turniere finden statt.

Die Suche nach dem **Hollywood am Rhein** führt in die Kölner Randbezirke, etwa zu den WDR Studios in Bocklemünd, zum Coloneum und den MMC Studios in Ossendorf, zum Medienzentrum Ost an der Schanzenstraße in Mülheim oder zu den Hallen und Studios in der Nachbargemeinde Hürth. **Zuschauer** sind bei den Aufzeichnungen vieler Sendungen willkommen. Tickets gibt es u. a. auf den Websites https://tvtickets.de und https://myshow.de.

Grüne Vielfalt – im Kölner Norden

Der Kölner Norden lockt mit viel Natur. Hier laden nicht nur Zoo, Flora und Botanischer Garten zu einer Pause vom Stadtleben ein. Auf alten Festungsmauern verbirgt sich ein verwunschener Rosengarten und ein Skulpturenpark präsentiert zeitgenössische Kunst im Grünen.

Vom Dom aus können Besucher bequem mit dem **Zoo-Express** 1 in den Kölner Norden fahren und dabei zugleich Sightseeing an der Rheinfront machen. Ein Spaziergang durch Zoo und Aquarium ist tagesfüllend, doch rund um den Tierpark locken auch Erlebnisse mit kürzerer Verweildauer.

Tierisch gut

Mit 150 Jahren zählt der **Kölner Zoo** 1 zu den ältesten Tierparks auf dem Kontinent. Heute bietet er etwa 10 000 Tieren ein Zuhause. Besonders stolz

Im Grün des Kölner Nordens kann nicht nur die Seele baumeln.

INFOS/ÖFFNUNGSZEITEN

Kölner Zoo 1 **u. Aquarium** 2: Riehler Str. 173, www.koelnerzoo.de, März–Okt. 9–18, Nov.–Feb. 9–17 Uhr, Eintritt 23 €, erm. 17 €, 4–12 J. 11 €
Flora 3 **u. Botanischer Garten** 4: Amsterdamer Str. 34, http://freundeskreis-flora-koeln.de, 8 Uhr bis zur Dämmerung (max. 21 Uhr), Eintritt frei
Skulpturenpark Köln 6: Riehler Str./Zoobrücke, www.skulpturenparkkoeln.de, April–Sept. 10.30–19, Okt.–März 10.30–17 Uhr, Eintritt frei
Rheinseilbahn 7: Riehler Str. 180, www.koelner-seilbahn.de, Mitte März–Anfang Nov. tgl. 10–18 Uhr, 5 €
Kölner-Wein-Depot/Weinmuseum 1: Amsterdamer Str. 1, www.koelnerweindepot.de; Museum Di–Do März–Sept. 14–18, Okt., Nov. 13–17 Uhr, Eintritt 7 €; Verkauf Di–Fr 8–19, Sa 9.30–14 Uhr
Zoo-Express 1: Haltestellen beim Tourist Office und am Zoo, T 0221 709 99 70, www.bimmelbahnen.de, tgl. 9.30–18 Uhr, 7 €, 2–12 J. 3,50 €

KULINARISCHES FÜR ZWISCHENDURCH

In der Flora verbreitet das Gartenrestaurant **Dank Augusta** 1 (Am Botanischen Garten 1a, T 0221 284 84 84, www.dankaugusta.de, Mitte März–Dez. Mi–So 11.30–18/20 Uhr je nach Witterung, €) Sommerfeeling pur. Füllen Sie Ihre ›Picknicktasche‹ an der Bar und suchen Sie sich dann ein Plätzchen auf der Terrasse. Beliebtes Ausflugslokal in der Riehler Aue ist der Biergarten im ehemaligen **Schwimmbad** 2 (An der Schanz 2a, T 0221 760 28 43, www.koeln-biergarten.de, März–Okt. Mo ab 15, Di–So ab 12 Uhr, €). Kinder haben jede Menge Platz zum Toben, die riesige Schüssel Pommes reicht für alle. Der Andrang ist entsprechend groß.

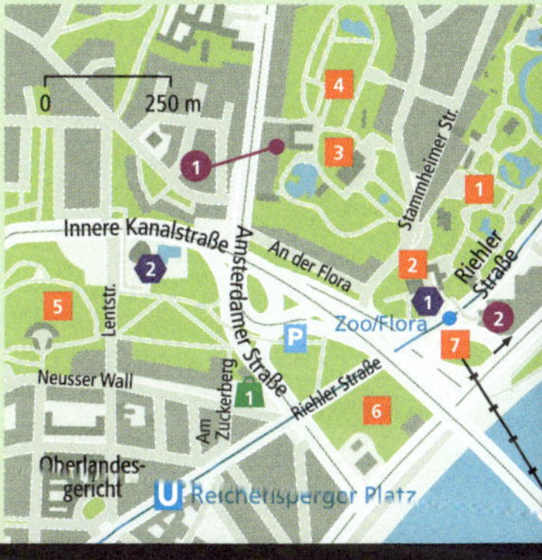

Cityplan: E–G 1/2 | **U-Bahn:** Zoo/Flora

sind die Zooleute auf die Nachzucht bedrohter Arten, die nur bei optimaler Haltung gelingen kann. So entstand beispielsweise in der prunkvollen Architektur des **Arnulf-und-Elizabeth-Reichert-Hauses** (1899) eine tropische Landschaft, in der Äffchen und Vögel sich frei bewegen können. Im **Elefantenpark** steht den Dickhäutern eine 20 000 m² große Felslandschaft zur Verfügung. Der **Hippodom** wurde einer afrikanischen Flussebene nachempfunden und gibt auch Einblicke in das Leben von Flusspferden und Nilkrokodilen unter Wasser. Weitere Attraktionen sind das **Urwaldhaus** mit den Menschenaffen, der stets von Zuschauern umlagerte **Pavianfelsen** und die putzigen **Erdmännchen.** Planen Sie unbedingt Zeit für das **Aquarium** 2 ein, wo die kleinsten Tiere ganz groß rauskommen.

Während der dunkelsten Tage des Jahres lässt **China Lights** (Mitte Dez.–Ende Jan. tgl. 17.30–21 Uhr) den Zoo märchenhaft leuchten. Tier- und Pflanzen-, Drachen- und Fantasiefiguren illuminieren einen abendlichen Streifzug zwischen den Tiergehegen.

Aug in Aug mit dem Tiger – Graffiti machen neugierig auf den Zoo.

Noch mehr Kunstwerke unter freiem Himmel können Sie im Schlosspark Stammheim im Rechtsrheinischen entdecken. Ein Schloss gibt es zwar nicht, aber der Park ist zauberhaft und verbindet an über 70 Stationen Natur und Kunst. Jedes Jahr an Pfingsten werden neue Installationen im Rahmen eines Festes vorgestellt. Mit dem Fahrrad sind es rheinabwärts nicht mal 30 Minuten (https://schlosspark-stammheim.koeln).

Vielseitige Botanik

Gegenüber vom Zoo bildet das Blumenparterre der 1864 eröffneten **Flora** 3 mit der zentralen Fontäne und dem Wintergarten einen schönen Blickfang. Nach umfassender Sanierung werden im Belle-Epoque-Palais wieder rauschende Feste gefeiert. Nach Norden setzt sich die Flora im 1914 angelegten **Botanischen Garten** 4 fort. Zahlreiche Baumveteranen tragen zur verwunschenen Atmosphäre des Parks bei. Besonders schön ist ein Spaziergang zur Kamelienblüte im Frühjahr. Ein Highlight sind die neuen Schaugewächshäuser für Pflanzen aus Tropen und Wüsten, die Mitte/ Ende 2024 fürs Publikum öffnen werden.

Der nördlichste Weinberg am Rhein liegt vermutlich auf dem Dach des **Kölner-Wein-Depots** 1. Er ist Teil des informativen **Weinmuseums**, das die Wittlings über dem Verkaufsraum eingerichtet haben. Hätten Sie gedacht, dass Köln im Mittelalter die bedeutendste Weinhandelsstadt nördlich der Alpen war und sogar große Rebgärten innerhalb der Stadtmauern barg? Nach der Weinverkostung bietet sich eine Verschnaufpause im **Rosengarten** an, der versteckt auf der Wallanlage des (maroden) preußischen **Fort X** 5 liegt.

Zur Auseinandersetzung mit aktueller Bildhauerkunst regt der **Skulpturenpark** 6 an. Er entstand 1997 auf Initiative des Sammlerehepaars Eleonore und Michael Stoffel. Alle zwei Jahre fügen sich auf dem 25 000 m² großen Areal etwa 35 Skulpturen neu zu einem spannenden Arrangement zusammen.

Über den Park schweben lautlos die Gondeln der **Kölner Seilbahn** 7, die seit der Bundesgartenschau 1957 Fahrgäste über den Rhein transportiert – fantastischer Fernblick inbegriffen. Ursprünglich war sie nur für fünf Jahre geplant, aber dann wollten die Kölner sie nicht mehr missen.

UM DIE ECKE

Eine Attraktion für Aktive an heißen und kalten Tagen ist der **Lentpark** 2 (Lentstraße 30, T 0221 27 91 80 10, www.koelnbaeder.de, Zeiten s. Website, Restaurant Dirks tgl. 11–21 Uhr, im Sommer Beach Bar), der Eissport und Schwimmen auf innovative Weise unter einem Dach vereint. Zuschauen ist vom Bistro aus möglich. Im Sommer öffnet zudem ein Naturfreibad.

Schäl Sick ist schick – **am Rheinufer in Deutz**

Für echte Kölner soll der Blick vom Deutzer Ufer auf Dom und Altstadt der einzige Grund sein, den Rhein zu überqueren. Sei's drum! Rheinpark und Messe sind schon lange Anziehungspunkte des rechtsrheinischen Stadtteils. Die Lanxess Arena hat seinen Freizeitwert weiter gesteigert und der Rheinboulevard lockt die Schaulustigen in Scharen.

Deutzer Brücke und Hohenzollernbrücke spannen den Bogen von der Altstadt nach Deutz am rechten Rheinufer. *Schäl Sick,* schielende oder verkehrte Seite also, heißt sie gemeinhin im linksrheinischen Köln. Und in diesem Namen schwingt durchaus Überheblichkeit mit. Dabei blickt auch Deutz auf eine fast 2000-jährige Geschichte

Bei Sonne pilgern Einheimische und Besucher zur Freitreppe am Deutzer Rheinufer.

zurück, besaß bereits ab 1230 vorübergehend den Status einer Stadt und wurde erst 1888 von Köln einverleibt. Der Spitzname soll entstanden sein, als die Schiffe rheinaufwärts von Pferden gezogen werden mussten. Damit sie dabei nicht vom Wasser geblendet wurden, trugen die Tiere Scheuklappen, sodass sie zum rechten Ufer nur hinüber schielen konnten.

Vom Kastell zum Triangle

Am Fuß des gläsernen **Lanxess Tower** 1 dokumentiert der **Historische Park Deutz** 2 die großen Etappen der Geschichte des rechtsrheinischen Kölns. Hier wurden Rudimente des um das Jahr

INFOS/ÖFFNUNGSZEITEN

KölnTriangle Cologne View 5: Ottoplatz 1, www.koelntrianglepano rama.de, tgl. 11–20/22 Uhr, ab 12 J. 5 €

KULINARISCHES FÜR ZWISCHENDURCH

Hyatt Regency Hotel 1: Kennedy-Ufer 2a, T 0221 828 12 34, https://cologne.regency.hyatt.com; **Grissini** Di–So 11.30–22 Uhr, €–€€; **Sticky Fingers** So–Do 11.30–19, Fr, Sa 11.30–20 Uhr, €–€€; **Legends Bar** tgl. ab 10.30 Uhr, €–€€; **Glashaus Restaurant** tgl. 6–10.30/11, Mo–Fr 11.30–14, Mo–Sa 18.30–22, So Brunch 12.30–15.30 Uhr, €€€; **Hotel** €€€

Rheinterrassen 2: Rheinparkweg 1, www.rheinterrassen.eu; **Biergarten,** Mai–Sept. Sa, So 12–22 Uhr; **km689 Cologne Beach Club,** T 0221 284 76 14, www.km689.de, Mai–Sept. Do, Fr ab 15, Sa, So ab 14 Uhr

Lommerzheim 3: Siegesstr. 18, T 0221 81 43 92, http://www.lommerzheim.koeln, Mi–So 11–14.30, 16.30–24 Uhr, €

Das **bona'me** im Lanxess Tower 1 (Kennedyplatz 2, T 0221 94 99 92 52, https://bona-me.de/, Mo–Fr 11–23, Sa, So 10–22.30/23 Uhr, €–€€) serviert in 1-a-Lage am Rheinufer türkisch-kurdische Spezialitäten. *Meze*, knusprige *pide* oder *beyti* kommen bei den Büroangestellten, die mittags in großer Zahl einkehren, gut an.

RELAXEN

Claudius Therme 1: Sachsenbergstr. 1, T 0221 98 14 40, www.claudius-therme.de, tgl. 9–24 Uhr, Tageskarte Mo–Fr 32,50 €, Sa, So 35,50 €

Cityplan: F–H 3–6 | **U-Bahn:** Deutzer Freiheit und Bf Deutz/Messe | **Bus:** 150

310 errichteten **Kastells Divitia** freigelegt. An der Stelle der spätrömischen Militäranlage gründete Erzbischof Heribert 1002 eine Benediktinerabtei, in deren Tradition das Kirchlein **Alt St. Heribert** 3 steht. Das **Kürassier-Denkmal** davor erinnert daran, dass Deutz bis 1919 preußische Garnison war. Eisenbahnfans entdecken daneben die **Drehscheibe** des alten Deutzer Bahnhofs. Trotz UNESCO-Ehren für das römische Erbe ist aber die unangefochtene Attraktion hier der **Rheinboulevard** 4. Bis zu 10 000 Schaulustige finden auf der riesigen Freitreppe am Fluss einen Platz und können sich am Blick hinüber zur Altstadt ergötzen.

Das Panorama genießen auch die Gäste des postmodernen **Hotel Hyatt Regency** 1, das mit den Restaurant-Pavillons Grissini und Stinky Finger samt Außengastronomie am Boulevard, der Legends Bar und dem Glashaus Restaurant für jedes Wetter und jede Tageszeit gewappnet ist. Den umfassendsten Blick offeriert ohne Zweifel der **Köln Triangle Cologne View** 5. Im Expressaufzug geht es auf den Büroturm des Landschaftsverbands Rheinland (LVR). Aus rund 103 m Höhe öffnet sich von der Besucherplattform eine 360°-Aussicht auf die Stadtlandschaft und die Rheinschleifen. Bei klarer Sicht sind im Süden die Gipfel des Siebengebirges zu erkennen. Nur die Freeclimber, die regelmäßig an den Pfeilern der **Hohenzollernbrücke** 6 trainieren, scheinen das prominente Panorama mit keinem Blick zu würdigen.

Hinter der Brücke erstrecken sich parallel zum Rheinufer die **Rheinhallen** 7. Die Anfang der 1920er-Jahre errichteten Messebauten ließ der Architekt Adolf Abel zur Ausstellung Pressa 1928 mit Backstein ummanteln. Gleichzeitig erweiterte er den Komplex um den 85 m hohen **Messeturm** 8 und das halbrunde **Staatenhaus** 9. In den Rheinhallen hat RTL ein attraktives Domizil gefunden. Das Staatenhaus dient bis auf Weiteres als Interimsquartier der **Kölner Oper.** An die unrühmliche Nutzung der Messebauten als Außenlager des KZ Buchenwald erinnern eine Bronzetafel am Turm und ein Gedenkstein an der Promenade: Von hier wurden die Juden Kölns in den Osten deportiert.

Sundowner mit Rheinblick

Nördlich des Messeturms erstreckt sich bis zur Zoobrücke eine vielseitige Freizeitlandschaft. Die

Wo bitte geht es hier zum Welterbe? Köln ist mächtig stolz auf die zweite Auszeichnung der UNESCO. Als Teil des Niedergermanischen Limes stehen die Wehranlagen der Colonia Claudia Ara Agrippinensium – explizit das **Kastell Divitia** rechtsrheinisch sowie Praetroium und Flottenlager Alteburg linksrheinisch – seit 2021 auf der begehrten Liste. Doch statt eines herausragenden Monuments findet der archäologische Laie in Deutz nur unspektakuläre Mauerreste. Ein **Bronzemodell** veranschaulicht immerhin, dass das Bollwerk das Zeug zum Welterbe hatte.

Besondes romantisch wird es im km689 Cologne Beach Club, wenn im Linksrheinischen die Lichter angehen.

Rheinterrassen und **km689 Cologne Beach Club** 2 laden gleich zu Beginn zu kleinen Fluchten ein. Im gemütlichen Strandkorb oder auf den bequemen Strandbetten ist der Alltagsstress schnell vergessen. Für das Mallorcafeeling werden am Rheinkilometer 689 zu Saisonbeginn 1000 t feinster Sand aufgeschüttet.

Im Hintergrund macht der **Tanzbrunnen** 1 mit kühn geschwungenen Zeltdächern auf sich aufmerksam. Während der Open-Air-Saison finden hier Konzerte und Märkte aller Art statt. In der kalten Jahreszeit werden die Kulturevents ins **Theater am Tanzbrunnen** verlegt.

Eine grüne Oase für geplagte Stadtmenschen ist der über 40 000 m² große **Rheinpark.** 1957 und 1971 wurde das Erholungsgebiet zwischen Messe und Zoobrücke zur Bundesgartenschau herausgeputzt. Wer mit Kindern unterwegs ist, wird sich über den großen Spielplatz im Park sowie die Spielfelder für diverse Sportarten, Kletterwand und Trampoline unter der Zoobrücke freuen. Abwechslung bietet auch die Miniatureisenbahn, die im Park gemächlich ihre Runden dreht.

Wunderbar relaxen können Erwachsene in der **Claudius Therme** 1 in wohltemperiertem Heilwasser. Die luxuriöse Badelandschaft mit großem Außenbereich bietet als Clou den Blick auf den Dom. In der attraktiven Saunawelt darf auf vielerlei Art geschwitzt werden.

Neben der Therme laden die Gondeln der **Rheinseilbahn** 10 (► S. 69) zur Flussüberquerung ein. Von hier fährt aber auch ein Bus zur Messe. Wer noch nicht müde ist, flaniert weiter durch den Jugendpark immer am Rhein entlang bis Mülheim.

Lassen Sie sich von der abbruchreifen Fassade nicht abschrecken! Das Lommerzheim 3 ist Kult und seit Kriegsende – zumindest außen – nicht mehr verändert worden. Sogar ein Bildband dokumentiert den konservierten Verfall. Innen wurde behutsam modernisiert und es fließt Päffgen-Kölsch aus dem Zapfhahn. Legendär sind auch die Koteletts. Im Schankraum herrscht eigentlich immer drangvolle Enge. Etwas ruhiger geht es im neu eingerichteten Gewölbekeller zu. Neu ist auch der Biergarten hinterm Haus.

UM DIE ECKE

Eines der neueren Wahrzeichen des rechtsrheinischen Köln ist die **Lanxess Arena** 2 (Deutz-Kalker Str., www.lanxess-arena.de). Den transparenten Baukörper überspannt ein 65 m hoher Stahlbügel, der der Veranstaltungshalle eine markante Silhouette verleiht und ihr zu dem Spitznamen ›Henkelmännchen‹ verholfen hat. Bei Sportereignissen, Shows und Konzerten finden im gigantischen Oval bis zu 18 000 Zuschauer Platz.

Hol über Fährmann! – **Radtour rheinauf und rheinab**

Die Treidelpfade längs des Rheins laden dazu ein, die Flusslandschaft zu erkunden. Im Stadtgebiet ermöglichen dabei mehrere Brücken den Wechsel von Ufer zu Ufer, während außerhalb das ›Krokodil‹ Fußgänger und Radfahrer übersetzt. Auf dem Ausflug werden Sie manches Mal die Nähe der Großstadt komplett vergessen.

An sonnigen Wochenenden herrscht auf den Uferwegen am Rhein reger Betrieb, denn auf dem Fluss gibt es immer etwas zu sehen: tuckernde Frachter und riesige Flusskreuzfahrer, Ausflugsschiffe und Ruderboote. Das **Altstadtufer** 1 (► S. 33) ist ideal als Ausgangspunkt für eine Radtour. Sie können aber auch von hier bis Rodenkirchen spazieren und mit dem Boot zurückfahren.

Grenzenloses Tollen und Spielen – auf den Poller Wiesen ist genügend Platz.

Auf einer Radtour entlang der Flussufer demonstrieren die sieben Kölner Rheinbrücken eindrucksvoll die vielfältigen Möglichkeiten der Brückenkonstruktion. Besonders markant ist die Severinsbrücke mit ihrem 77 m hoch aufragenden A-förmigen Pylon. Den ersten festen Rheinübergang in Köln bauten die Römer. Nach dessen Zerstörung wagte die Handelsmetropole bis 1855 keinen Brückenschlag mehr. Unvorstellbar!

Die Alte Liebe am Strom

Vorbei an den Schiffsanlegestellen und dem **Rheinauhafen** 2 (► S. 52) geht es flussaufwärts zur **Rodenkirchener Brücke** 3, wo die **Alte Liebe** 1 – fein herausgeputzt im rot-weißen Blockstreifengewand – zu einer ersten Pause auffordert. An Sommersonntagen findet man hier nur mit Mühe einen Platz an Deck. Ebenso umlagert sind das Bootshaus Albatros und die Terrassen der Ausflugslokale am Ufer. Über dem Trubel wacht die weiß getünchte **Maternuskapelle** (11. Jh., im 15. und 17. Jh. erweitert) auf einem Basaltsockel am Rheinufer.

Weiter rheinaufwärts locken an der **Rodenkirchener Riviera** 4 Uferwiesen und kleine Sandbuchten zum Picknicken und Sonnen. Manch einer nimmt hier sogar ein Bad im Rhein. Leichtsinnig! Die Wasserqualität mag ja passabel sein, Strömung und Strudel bergen jedoch lebensgefährliche Risiken.

Ein Krokodil im Rhein?

Im **Weißer Rheinbogen** 5 taucht der Uferweg in das lichtdurchflutete Grün der hoch aufragenden Pappeln ein. Dieses Stückchen Rheinschleife hat das Zeug, irgendwann wieder einmal ein echter Auenwald zu werden. Am Ortsrand von Weiß, das ebenso wie Rodenkirchen exklusives Wohnen am Strom bietet, warten das **Krokodil** und das **Krokolino** 1 auf Spaziergänger und Fahrradfahrer, die ans andere Ufer übersetzen möchten.

Im Rechtsrheinischen legen die Fähren an der **Zündorfer Groov** 6 an. Diese frühere Rheininsel ist mit Minigolfanlage und Kahnverleih, Freibad und Jachthafen ein kleines Freizeitparadies. Zur Groov hin öffnet sich **Zündorf** mit dem von alten Fachwerk- und Backsteinhäusern gesäumten Marktplatz. An der Terrasse des **Landhaus Zündorf** 2 führt hier kein Weg vorbei.

Stromabwärts folgt der Radweg dem langgezogenen **Porzer Rheinbogen** 7. Faszinierend ist der weite Blick über den Rhein, der manchen ›Anrheiner‹ dazu bewog, gefährlich nah am Ufer zu bauen. Das neue Hochwasserschutzkonzept Kölns bietet hier inzwischen Sicherheit bis zu einer Pegelhöhe von 11,90 m. Das sollte genügen! Im Rahmen der Schutzmaßnahmen wurde das ehemalige Militärgelände in der **Westhovener Aue** 8 dem Rhein bei steigendem Wasser als Auslauffläche überlassen.

Auf Deutschlands meist befahrener Wasserstraße fließt der Verkehr.

Neues Wohnen am Strom

Schon bald rücken die Pylone der **Rodenkirchener Brücke** und die Kölner Silhouette ins Blickfeld. Besonders hübsche Impressionen ergeben sich, wenn auf den **Poller Wiesen** 9 die Drachenfans ihre bunten ›Vögel‹ steigen lassen oder Schäfer ihre Herden weiden. Hinter der **Südbrücke** 10 führt der Radweg am **Deutzer Hafen** 11 vorbei, an dessen Kais in den nächsten Jahren ein schickes neues Wohn- und Büroviertel entstehen soll. Weiter geht's am Ufer entlang bis zur **Deutzer** oder zur **Hohenzollernbrücke.** Beide bieten sich an, um zum Ausgangspunkt zurückzukehren.

Wer noch genügend Puste hat, radelt weiter durch den **Rheinpark** 12 (▶ S. 74) flussab und unter der **Zoobrücke** 13 hindurch zum **Mülheimer Hafen** 14. Die alten Industrieareale an seiner Ostseite bieten Stadtplanern und Investoren noch jede Menge Potenzial. Einige Fabrikhallen und Verwaltungsgebäude werden bereits heute kreativ genutzt. Das **Café RheinSpaziert** 3 lädt zu einer letzten Rast, bevor es über die **Mülheimer Brücke** 15 wieder ins Linksrheinische geht. Dort weisen die Domtürme den Weg durch die Riehler Aue zurück zur Altstadt.

Die Kapriolen des Rheins sind an mehreren Hochwassermarken am Weg abzulesen. Bei der schlimmsten Flut aller Zeiten 1784 stieg der Fluss in der Altstadt auf 13,55 m an. In Köln und Mülheim verloren 63 Menschen ihr Leben. Auch Westhoven stand unter Wasser, die Markierung unter dem Dach der **Nikolauskapelle** am Ortsrand zeigt es.

INFOS/ÖFFNUNGSZEITEN

Streckeninfo: Ca. 35 km, 3 Std. (ohne Pause), verkürzt 26 km, 2 Std., www.radroutenplaner.nrw.de, Radverleih u. a. bei der Radstation (▶ S. 112)
Fähre Weiß-Zündorf 1: T 02236 683 34, www.faehre-koelnkrokodil.de, April–Sept. Mo–Fr 11–19, Sa, So 10–19 Uhr, März, Okt. Sa, So 10 Uhr bis Sonnenuntergang, ca. alle 20 Min.

KULINARISCHES FÜR ZWISCHENDURCH

Alte Liebe 1: Rodenkirchener Leinpfad, T 0221 39 23 61, www.bootshaus-alte-liebe.de, So–Mo 12–22/23 Uhr, €–€€
Landhaus Zündorf 2: Marktstr. 27, T 02203 812 03, www.landhaus-zuendorf.com, Mi, Fr–So 12–24 Uhr, €–€€
Café RheinSpaziert 3: Hafenstr. 16, Mülheim, T 0221 16 99 00 14, www.cafe-rheinspaziert.de, Di–Sa 10–21.30, So 10–19 Uhr, €

Cityplan: Karte 3 | **U-/S-Bahn:** Dom/Hbf

EINTRITTSKARTEN *in eine andere Welt …*

Neben RGM und Ludwig (▶ S. 25), Wallraf (▶ S. 40) und Kulturquartier (▶ S. 42) sind dies meine Favoriten:

UND JETZT ENTSCHEIDEN SIE!

Kolumba – Kunstmuseum des Erzbistums Köln
Mi–Mo 12–17 Uhr
8 €; erm. 5 €

JA NEIN

Allein das ausgefallene Museumsgebäude (s. Foto) des Schweizer Stararchitekten Peter Zumthor lohnt den Besuch. Die strenge Raumgestaltung bringt die Objekte sakraler Kunst besonders gut zur Geltung.
Karte 2, D 5, www.kolumba.de

Makk – Museum für Angewandte Kunst
Di–So 10–18, 1. Do im Monat 10–22 Uhr
Dauerausstellung Eintritt frei

JA NEIN

Der silberne Flügeltüren-Mercedes 300 SL im Foyer stimmt ein auf die Dauerausstellung Kunst + Design im Dialog. Die Historischen Sammlungen bleiben allerdings wegen Generalsanierung bis auf Weiteres geschlossen.
Karte 2, D/E 5, https://makk.de

Mok – Museum für Ostasiatische Kunst
Di–So 11–17, 1. Do im Monat 11–22 Uhr
9,50 €; erm. 5,50 €

JA NEIN

Hier können Sie den größten Bestand von Ostasiatika in Deutschland entdecken. Ein Zen-Garten und die Terrasse am Aachener Weiher machen den Ausflug nach Fernost perfekt.
A 6, www.museum-fuer-ostasiatische-kunst.de

Kölnisches Stadtmuseum
Di 10–20, Mi–So 10–17, 1. Do im Monat 10–22 Uhr
5 €; erm. 3 €

JA NEIN

Im Interimsdomizil im ehemaligen Modehaus Sauer erzählt das Stadtmuseum die Geschichte Kölns mit Hilfe multimedialer Technik neu und spannend.
Karte 2, D/E 5, www.koelnisches-stadtmuseum.de

Odysseum Köln

Museum mit der Maus Di–So 10–18 Uhr, 4,90 €
Sonderausstellungen Öffnungszeiten und Ticketpreise s. Website

JA NEIN

Während die Maus als fester Bewohner des Odysseums in gewohnt spielerischer Weise Fragen aus Natur und Technik beantwortet, lassen Sonderausstellungen Erwachsene in faszinierende Welten eintauchen.

östl. H 5, www.odysseum.de

Artothek – Raum für junge Kunst

Di–Fr 13–19, Sa 13–16 Uhr
Eintritt frei

JA NEIN

Ein ungewöhnliches Konzept: Im spätgotischen Haus Saaleck können Kölner Bürger Kunstobjekte ausleihen. Ausstellungen rücken die junge Kunst in den Fokus.

Karte 2, E 5, https://museenkoeln.de/artothek

Kölnischer Kunstverein

Di–So 11–18 Uhr
Eintritt frei

JA NEIN

Im schlichten, doch eleganten Riphahn-Bau Die Brücke (1949/50) gibt der Kunstverein der neuen Kunst ein Forum – arrivierten Künstlern ebenso wie vielversprechenden Talenten.

Karte 2, C 6, https://koelnischerkunstverein.de

cöln comic haus

Führungen und Ausstellungen s. Website
5 €, Eintritt frei für Kinder unter 14 J.

JA NEIN

Die Ausstellung präsentiert Sammlerstücke rund um die Neunte Kunst und widmet sich dabei im Besonderen den Superhelden der US-amerikanischen Comicliteratur. Zudem finden Lesungen und Workshops statt.

E 9, https://coelncomic.de

Duftmuseum im Farina-Haus

Führungen jeweils zur vollen Stunde Mo–Sa 10–18, So 11–16 Uhr, Anmeldung erforderlich, 8 €

JA NEIN

Ab 1709 destillierte Johann Maria Farina gegenüber dem Gülichplatz ein Heil- und Duftwasser, das als Eau de Cologne Weltruhm erlangte. Im Museum erfahren Sie alles über die heute älteste Parfümfabrik der Welt.

Karte 2, E 5, https://farina.org

Kölner Museumslandschaft

In den Kölner Sammlungen sind Exponate aus allen Epochen und Stilrichtungen zu sehen: von römischen Prunkgläsern über mittelalterliche Tafelmalerei und Ostasiatika bis zu Pop Art, Comic, Fotografie und Design. Gleich mehrere Museen dokumentieren das Stadtleben von römischen Tagen bis zur NS-Zeit. Daneben hält die Museumspalette natürlich auch leichtere Kost bereit: ob Schokolade oder Wein, Karneval, Sport oder Abenteuer. Mit Ostasiatischem Museum (Architekt: Kunio Maekawa, 1977) und Museum Ludwig (Busmann/Haberer, 1986), dem Wallraf-Richartz-Museum (Oswald Mathias Ungers, 2001) und Kolumba (Peter Zumthor, 2007) verfügt die Stadt darüber hinaus über anspruchsvolle Museumsarchitekturen. Allerdings wird überall saniert, sodass Museen Interimsquartiere beziehen oder Abteilungen schließen müssen. Die reichen Sammlungen, ebenso wie die Lebensart in der Domstadt, bieten einen guten Nährboden für künstlerische Aktivitäten. Die aufgesprühte Banane von Thomas Baumgärtel weist den Weg zu Ateliers und Galerien. Die ganze Vielfalt der Kunst- und Kulturschätze Kölns können Sie bei der Museumsnacht Köln (www.museumsnacht-koeln.de) Anfang November erleben. Über das Kunstgeschehen allgemein informieren neben Ausstellungen die Messen Art Cologne und Cologne Fine Art.

TIPPS FÜR DEN BESUCH DER KÖLNER MUSEEN

Welche Museen gibt es überhaupt und wo sind sie zu finden? Welche Ausstellungen laufen während meines Besuchs? Gibt es spezielle Führungen? Antworten auf all Ihre Fragen finden Sie auf der Website **https://museenkoeln.de.** Vergünstigungen gibt die **MuseumsCard.** Sie berechtigt zum Besuch der städtischen Sammlungen samt Sonderausstellungen an zwei aufeinanderfolgenden Öffnungstagen sowie zur Nutzung der öffentlichen Verkehrsmittel am ersten Gültigkeitstag ab 9 Uhr (Single 20 €, Familie 32 €, online bei www.koelnticket.de). Beachten Sie bei Ihrer Planung, dass die städtischen Museen montags geschlossen bleiben und dass am KölnTag, dem ersten Donnerstag im Monat, die Kölner freien Eintritt zu den ständigen Sammlungen haben.

Tafelbilder vor blauem Grund – die Mittelalterabteilung im Museum Wallraf

Umgürtet – Stadtbefestigungen

Ob Römer, mittelalterliche Stadtherren oder Preußen, sie alle zogen eine Befestigung um Köln. Von allen Anlagen zeugen heute nur wenige Überbleibsel. Meist rissen die Kölner die Bollwerke selbst ein, um Platz für die expandierende Stadt zu gewinnen.

Schutz vor den Germanen

Römermauer

Bereits kurz nach der Zeitenwende entstand an der Südostecke des Oppidum Ubiorum das **Ubiermonument** (🕮 Karte 2, E 6, An der Malzmühle 1, 1. Do im Monat 14–17 Uhr). Gut 6 m hohe Mauern dieses ursprünglich mindestens doppelt so hohen Wachturms wurden im Keller eines Wohnhauses freigelegt. Im Zuge der Erhebung zur CCAA wurde um 90 n. Chr. das ca. 1 km^2 große Siedlungsgebiet mit einer fast 4 km langen Mauer umfriedet, die neun Tore und 21 Türme aufwies. Gerade mal 700 m sind davon erhalten, wie etwa ein Seitenbogen des **Nordtors** (🕮 Karte 2, E 5). Bedeutende Abschnitte liegen versteckt in Kellern, andere sind in desolatem Zustand, so der prächtige **Römerturm** (🕮 Karte 2, C/D 5, Zeughausstr. 13). Der Rundbau mit detailreichen Schmuckbändern aus verschiedenfarbigen Steinarten sicherte die Nordwestecke der CCAA. »Retten Sie einen echten Römer!« Mit diesem Slogan bittet die Deutsche Stiftung Denkmalschutz um Spenden für die Sanierung des Römerturms, der 2021 als Bestandteil des Niedergermanischen Limes Aufnahme ins UNESCO-Welterbe fand.

Info: https://roemisch-germanisches-museum.de; https://roemermauer-koeln.de

Abbild des Himmlischen Jerusalems

Mittelalterliche Stadtmauer

Zwischen 1180 und 1250 wurde eine mächtige Mauer um Köln gezogen. Mit über 5 km Länge und 7 m Höhe war sie die größte Befestigung in Europa. Ein Dutzend Torburgen – genauso viele wie im Himmlischen Jerusalem – kennzeichneten die weltliche Stadt als Abbild der himmlischen. Als sich die Bevölkerung im Zuge der Industrialisierung verdreifachte und Köln aus allen Nähten platzte, ließen die Stadtväter das staufische Bollwerk 1881 schleifen. Über dem aufgeschütteten Befestigungsgraben entstand nach Wiener Vorbild ein prächtiger Ringboulevard. Nur einige Teilstücke und Tore blieben zur Erinnerung stehen, darunter die **Eigelsteintorburg** (🕮 E 3) im Norden, der **Gereonsmühlenturm** (🕮 D 4) am Hansaring, die **Hahnentorburg** (🕮 C 6) im Westen, weiter südlich **Sachsenturm** und **Ulrepforte** (🕮 D 8) sowie **Severinstorburg** (🕮 E 9, ► S. 57) und **Bottmühle.** Am Rheinufer wacht der **Bayenturm** (🕮 F 8, ► S. 54). Flussabwärts steht eingeklemmt zwischen modernen Bauten ein Überbleibsel der Kunibertstorburg, **Weckschnapp** (🕮 F 3) genannt. Unter www.das-alte-koeln.de führt Siegfried Glos an Hand seines Gemäldezyklus »Das alte Köln« online entlang der Stadtmauer – sehenswert!

Bollwerk im Westen

Preußisches Zwischenwerk VIII b

🕮 Karte 3

Zwischen 1815 und 1891 entstand die Preußische Festung Cöln mit dem Inneren und Äußeren Festungsgürtel. Von den zwölf Forts und 23 Zwischenwerken wurden nach dem Ersten Weltkrieg einige in die Grüngürtel integriert. Im Zwischenwerk VIII b dokumentiert das Festungsmuseum die Geschichte des preußischen Bollwerks.

Militärringstr. 10, https://welt.unter.koeln, Führungen 1. Sa u. 3. So im Monat, 12 Uhr, Mai–Sept. teils auch 14, 16 Uhr, Eintritt frei

Sancta Colonia – romanische Kirchen

Heiliges Köln *(Sancta Colonia)*, so wurde Köln bereits um 1050 gerühmt. Erzbischof Bruno hatte mit imponierenden Kirchenbauten ein Kreuz über die Stadt geschlagen, unter seinen Nachfolgern kam ein Kranz aus weiteren Gotteshäusern hinzu. Zwölf der romanischen Kirchen überdauerten die Zeit, erst die Bomben des Zweiten Weltkriegs legten sie in Schutt und Asche. Doch 1985 konnte ihr Wiederaufbau gefeiert werden.

Blickfang am Rheinufer

Groß St. Martin 🕮 Karte 2, E 5
Die Stiftskirche zu Ehren des hl. Martin entstand vermutlich zwischen 1150 und 1240. Mit einem großartigen Kleeblattchor und dem mächtigen Vierungsturm setzte sie einen triumphalen Akzent an der Rheinfront und bestimmte bis zur Vollendung des Doms die Stadtsilhouette. Schwestern der Monastischen Gemeinschaft von Jerusalem erfüllen Groß St. Martin mit religiösem Leben.

An Groß St. Martin 9, U: Alter Markt, Di–Do 13–17.25, Fr, Sa 10–12.30, 13–17.25, So 13–18 Uhr

Die Dominikanerkirche

St. Andreas 🕮 Karte 2, D/E 5
Der achteckige Vierungsturm der Andreaskirche konkurriert mit den benachbarten Domtürmen. Während Westbau und Langhaus romanischen Ursprungs sind, wurde der Chor im 15. Jh. im spätgotischen Stil errichtet. In der Krypta fand der Kirchengelehrte und Dominikaner Albertus Magnus seine letzte Ruhestätte.

Andreaskloster, U: Dom/Hbf, Mo–Fr 7.30–18.30, Sa 8.30–18, So 8.30–19 Uhr

Nach Westen gerichtet

St. Aposteln 🕮 Karte 2, C 6
Ab Mitte des 11. Jh. wurde am Stadtrand am Beginn der Fernstraße nach Aachen die Grabeskirche von Erzbischof Pilgrim errichtet und mit einem festungsartigen Westturm gesichert. Um 1200 erhielt der Bau zur Stadt hin eine neue vielgliedrige Schaufassade mit Kleeblattchor, gedrungenem Vierungsturm und schlanken, hohen Chorflankentürmen.

Apostelnkloster, U: Neumarkt, Mo–Fr 9–20, Sa 9–19, So 8.30–19 Uhr

Der Kunst gewidmet

St. Cäcilien 🕮 Karte 2, D 6
Die Pfeilerbasilika entstand zwischen 1130 und 1160 auf den römischen Thermen als Gotteshaus für einen Damenstift. Unter den Franzosen diente sie als Kapelle des ersten öffentlichen Kölner Krankenhauses und seit 1956 als Ausstellungsort für die Sammlung Schnütgen (► S. 43).

Klein und gedrungen

St. Georg 🕮 Karte 2, E 7
Am nördlichen Ende der Severinstraße erinnert St. Georg mit trutzigem, turmlosem Westbau (um 1180) eher an eine Burg. Es ist die einzige erhaltene Säulenbasilika im Rheinland (11. Jh.). In ihrem Innern birgt sie ein sehenswertes Gabelkreuz (14. Jh.) und einen Fensterzyklus von Jan Thorn-Prikker (1930).

Am Waidmarkt, www.georg-koeln.de, U: Severinstr., tgl. 8–18, Nov.–Feb. bis 17 Uhr

Beeindruckender Kuppelbau

St. Gereon 🕮 Karte 2, C 4
Mit dem Dekagon aus dem 13. Jh., das von einer gewaltigen Kuppel überspannt wird, muss die Grabeskirche des Stadtpatrons Gereon den Vergleich mit der Hagia Sophia und dem Florentiner Dom nicht scheuen (► S. 49).

Kostbare Fenster

St. Kunibert 🕮 E 4

Die jüngste der romanischen Kirchen, deren Langhaus und Westquerschiff 1247 geweiht wurden, zeigt zum Rhein hin eine schön gestaltete Ostapsis, über die eine Dreiturmgruppe harmonisch aufragt. Den Chor schmückt ein original erhaltener Fensterzyklus von 1226.

Kunibertskloster, U: Dom/Hbf, Mo–Sa 10–18 Uhr, So nur zu Gottesdiensten und unregelmäßig zu Konzerten geöffnet

Vorbildfunktion

St. Maria im Kapitol 🕮 Karte 2, E 6

Die Kirche wurde im 11. Jh. auf den Ruinen des Kapitoltempels errichtet. Sie erhielt die erste monumentale Dreikonchenanlage (Kleeblattchor) des Abendlandes, die in Köln Maßstäbe für Groß St. Martin und St. Aposteln setzte.

Kasinostr. 6, U: Heumarkt, tgl. 9–18 Uhr

Mittelalterliche Fresken

St. Maria Lyskirchen 🕮 Karte 2, E 6

Die kleinste der romanischen Kirchen Kölns (1210–20) wurde im Krieg am wenigsten zerstört und konnte Gewölbemalereien aus der Mitte des 13. Jh. bewahren. In der Weihnachtszeit gibt die Milieukrippe ein authentisches Bild vom Leben in der Pfarre im Wandel der Zeiten.

An Lyskirchen 8, U: Heumarkt, Mo–Sa 9–18, So 9–16 Uhr

Machtdemonstration

St. Pantaleon 🕮 Karte 2, D 7

Einen frühen Höhepunkt mittelalterlicher Baukunst markierte im 10. Jh. St. Pantaleon. Die Klosterkirche ist ein glanzvolles Zeugnis der ottonischen Kaiserzeit. Die monumentale Dreiturmgruppe des Westwerks steht vor allem für den Anspruch, die Macht des Reiches in imposanten Kirchenbauten zu demonstrieren. Wichtigstes Ausstattungsstück ist der spätgotische Lettner (1502–14) mit filigranem Maßwerk.

Am Pantaleonsberg 6, www.sankt-pantaleon.de, U: Barbarossaplatz, wegen Grundsanierung bis Ende 2024 nur eingeschränkt zugänglich

Veedelskirche

St. Severin 🕮 E 8

Spätromanische und gotische Bauformen (13.–16. Jh.) verschmelzen in der Kirche des hl. Severin miteinander. Sie wurde am südlichen Stadtrand über einem antiken Gräberfeld erbaut und hat ihren Ursprung möglicherweise in einem Kultbau des 4. Jh. Ein Bilderzyklus im Hochchor erzählt die Severinslegende (► S. 58).

Ein markanter Blickfang am Rhein – der Vierungsturm von Groß St. Martin

Monumentaler Reliquienschrein

St. Ursula 🕮 D 4

Die Emporenbasilika aus dem 12. Jh. umhüllt den Schrein der Stadtpatronin Ursula, deren Geschichte 1456 auf 19 Holztafeln bildnerisch dargestellt wurde. Ihre vermeintlichen Gebeine und die weiterer 11 000 gemarterter Jungfrauen bilden in der Goldenen Kammer einen skurrilen Wandschmuck (► S. 50).

Die Website **www.katholisch-in-koeln.de** informiert über Öffnungs- und Gottesdienstzeiten fast aller zwölf Kirchen, über Termine von Führungen und Konzerten sowie über die Baugeschichte. Während der Gottesdienste sind keine Besichtigungen möglich.

Pause. Einfach mal abschalten

Die Kölner Parks tragen keine prominenten Namen: Sie heißen wenig verheißungsvoll Grüngürtel oder sachlich-funktional Volksgarten und Stadtwald. Dabei brauchen Sie den Vergleich mit ihren berühmten Verwandten in anderen Städten nicht zu scheuen. Obendrein schenkt der Rhein den Kölnern viele Möglichkeiten für kleine Alltagsfluchten, ob auf dem Wasser oder an den Ufern. Der gestresste Stadtmensch findet aber nicht nur im Kölner Grün Oasen für eine Pause.

Open-Air-Bühne der Südstadt

Volksgarten 🗺 C/D 9

Der knapp 14 ha große Park mit altem Baumbestand und **Kahnweiher** wurde zwischen 1887 und 1889 im Zuge der Neustadtbebauung auf dem Gelände des preußischen **Forts IV** angelegt. Große Liegewiesen bieten Platz zum Chillen und Spielen, für die Grillparty oder den Kindergeburtstag – ganz so wie im »Volksjadeleed« von den Bläck Fööss besungen. Fast immer werden irgendwelche Performances geboten: mehr oder minder geschickte Jonglierkünste, Akrobatik auf der Slackline oder Straßenmusik. Wer kein Picknick dabei hat, versorgt sich am Kiosk des **Biergartens.** Am Rande des Parks finden in der verwunschen wirkenden **Orangerie** innovative Theater- und Tanzaufführungen sowie Konzerte statt. Das Pendant des Volksgartens im Norden heißt übrigens Stadtgarten (► S. 64).

Eifelplatz/Volksgartenstr., U: Eifelplatz; Orangerie, Volksgartenstr. 25, U: Ulrepforte, www.orangerie-theater.de

Glanzstück des Inneren Grüngürtels

Aachener Weiher 🗺 A 6

Als nach dem Ersten Weltkrieg die Preußische Festung Cöln geschleift werden musste, beauftragte Oberbürgermeister Konrad Adenauer den Stadtplaner Fritz Schuhmacher, den doppelten Festungsgürtel in ein grünes Erholungsgebiet umzuwandeln. Die Ausgestaltung oblag Gartendirektor Fritz Encke. Seither umschließt der 7 km lange Innere Grüngürtel die Innenstadt von der Zoobrücke bis zur Universität. Sein Kernstück ist der quadratische Aachener Weiher, der im Sommer vor allem zur Spielwiese von Studierenden der nahen Uni wird. Natürlich gibt es einen **Biergarten.** Ruhiger sitzt es sich allerdings am Westufer des Weihers im **Café des Ostasiatischen Museums** (► S. 78). Ruhe aus der Bewegung schöpfen, dazu ist ein Spaziergang entlang des **Lindenthaler Kanals** ideal, der die Verbindung zum Stadtwald und Äußeren Grüngürtel herstellt – besonders schön im Frühjahr zur Kastanienblüte oder im Herbst, wenn sich das Laub verfärbt. Vom Aachener Weiher aus führen Wege zur Uni oder in die andere Richtung zum MediaPark. Wundern Sie sich nicht über die Hügel im sonst flachen Stadtrelief. Sie bestehen aus den Trümmern des Zweiten Weltkriegs – verborgen von viel Grün.

Aachener Str./Universitätsstr., U: Universitätsstr.

Viel Wasser

Stadtwald 🗺 Karte 3

Der Park wurde bereits 1895 auf dem Gelände des Guts Kitschburg in **Lindenthal** angelegt, nach und nach mehrfach erweitert und später in den Äußeren Grüngürtel einbezogen. An seinem **Kahnweiher** und dem Wasserkanal finden sich viele idyllische Plätzchen zum Faulenzen. **Jogger** hingegen können ihr Laufprogramm immer wieder variieren. Kinder lieben den **Tierpark**

Rauf aufs Rad und ab ins Kölner Grün!

mit **Streichelzoo** und den **Spielplatz.**
Stadtwaldgürtel, U: Dürener Str./Gürtel

Grüne Zange

Äußerer Grüngürtel 🕮 Karte 3
12 km lang erstreckt sich das Grün auf dem ehemaligen preußischen Festungsring am äußeren Stadtrand zwischen **RheinEnergie Stadion** und **Rodenkirchener Brücke.** Freizeitspaß garantieren weitläufige Liegewiesen, zahlreiche Grillplätze, Spielplätze, Sportanlagen und einer der größten Stadtstrände, die **Playa in Cologne.** Mit Blick auf den **Adenauer Weiher,** der formal zum Stadtwald gehört, können Ausflügler im schicken **Club Astoria** einkehren. Wenig weiter lockt das **Haus am See** mit Terrasse unmittelbar am **Decksteiner Weiher.** Das langgestreckte Wasserband dient sogar als Ruderstrecke. An seinem Südende liegt das **Geißbockheim** mit Trainingscamp des 1. FC Köln und Gastronomie. Radfahrern und Spaziergängern weist die Kölner Grüngürtel-App den Weg einmal rund um ganz Köln (63 km).
Militärringstr., www.koelner-gruen.de

Strandfeeling auf dem Parkdeck

SonnenscheinEtage 🕮 Karte 2, D 6
Auf Straßenniveau empfängt Parkhaus-Tristesse mit benzingeschwängerter Luft, doch das ist schnell vergessen, sobald sich die Aufzugtür zur 14. Etage öffnet: feiner Sand, Palmen, locker verstreut Liegestühle und die Domtürme zum Greifen nah. Getränke und Snacks gibt es an der Bar. *Summer in the City* von seiner schönsten Seite.
An St. Agatha 19–25, https://sonnenscheinetage.de, Mi–Fr 18–24, Sa 14–24, So 14–22 Uhr (unter Vorbehalt), Eintritt ab 12. J. 5 €

Die Hektik bleibt draußen

Antoniterkirche 🕮 Karte 2, D 6
Einen Hort der Stille mitten im Geschäftstrubel der Schildergasse finden Sie unter dem spitz aufragenden Turm der kleinen dreischiffigen Gewölbebasilika. Sie wurde Mitte des 14. Jh. von Brüdern des Antoniterordens erbaut und versteht sich als »Schaufenster der Evangelischen Kirche Köln«. Sie sind nicht gläubig? Das macht gar nichts, Beten ist hier keine Pflicht. Viele Passanten schauen nur rein, um einen Moment abzuschalten. Im linken Seitenschiff hängt die Bronzefigur »Der Schwebende« von Ernst Barlach, der die Gesichtszüge von Käthe Kollwitz trägt und an die Toten beider Weltkriege erinnert. Freitagabends um 18.15 Uhr ist im Rahmen der ›KirchenTöne‹ ein knapp einstündiges Konzert geistlicher Musik zu hören (Spende erbeten).
Schildergasse 57, www.antonitercitykirche.de, Mo–Fr 11–18, Sa 12–17, So 12–17.30 Uhr

Schnarchen wie die Monarchen

Dies soll im Dom Hotel, dessen Sanierung zur unendlichen Geschichte wurde, ab 2025 nach zehn Jahren Baustelle endlich wieder möglich sein. In dem Ende des 19. Jh. in spätwilhelminischem Prunk erbauten Grand Hotel bettete nicht nur Ihre Kaiserliche Majestät Wilhelm II. sein Haupt zur Ruhe, sondern viele illustre Persönlichkeiten nach ihm. Die exklusive Aussicht auf den Dom gibt es natürlich nicht zu Schnäppchenpreisen.

Mit historischem Ambiente können mehrere Nobelherbergen in Köln punkten, u. a. Excelsior Hotel Ernst am ›Centralbahnhof‹, Wasserturm Hotel Cologne, The Qvest hideaway im alten Stadtarchiv oder Hotel Stadtpalais im ehemaligen Deutz-Kalker Bad. Selbstverständlich sind alle international renommierten Hotelgruppen in Köln vertreten. Aber auch im mittleren Preissegment gibt es eine große Auswahl ansprechender Hotel- und Gästezimmer. Sie sind vielleicht nicht so luxuriös, besitzen jedoch viel individuelles Flair.

In den Hotelportalen können Sie online sogar für exklusive Häuser erschwingliche Angebote finden – natürlich weder zur Hauptreisezeit, noch während großer Events oder Top-Messen. Dann gerät das Preisgefüge regelmäßig aus den Fugen. Mit einer zu geringen Bettenzahl lässt sich das nicht erklären. Denn in Köln entstehen laufend neue Hotels und mancher Hotelier klagt über mangelnde Auslastung.

ZUM SELBST ENTDECKEN

Kurzentschlossene finden vor Ort im Büro von KölnTourismus am Dom professionelle Beratung. Ich empfehle allerdings eine vorzeitige Buchung. Die Website **www.koelntourismus.de** gibt unter dem Button ›Buchen‹ einige allegemeine Hinweise und leitet zur Reservierung weiter zum Portal von **HRS.** Wer die private Atmosphäre eines Gästezimmers dem Hotelambiente vorzieht, schaut zwecks Vermittlung auf die Website https://bed-and-breakfast.de/koeln.

PREISE

So viel kostet in etwa ein Doppelzimmer:

€	unter 100 Euro
€€	100–160 Euro
€€€	über 160 Euro

Pathpoint – die Jugendherberge für Rucksackreisende

Morgens grüßen Tünnes und Schäl
Lint Hotel Karte 2, E 5

Ungezwungenes, freundliches Ambiente sowie modernes Design zeichnen das kleine Hotel in einer verkehrsberuhigten Altstadtgasse aus. Die 18 Zimmer sind funktional und einladend eingerichtet. Wählen Sie die etwas teureren der Kategorie Large, die sich zum Kirchplatz von Groß St. Martin hin öffnen. Zum Frühstück lädt **Lint No 7** ans reich bestückte Buffet. Bei Sonnenschein leisten dabei auf der Innenhofterrasse Tünnes und Schäl Gesellschaft.

Lintgasse 7, Altstadt, T 0221 92 05 50, www.lint-hotel.de, U: Rathaus, €€

Multifunktional
die wohngemeinschaft

Karte 2, B 6

Wie in einer wirklichen Wohngemeinschaft besitzt jedes der 13 Ein- bis Dreibettzimmer eine ganz persönliche Note und erzählt die Geschichte der fiktiven Bewohner. Zudem gibt es drei Themen-Schlafsäle mit bis zu acht Kojen. Bad und WC auf der Etage. Die hauseigene CaféBar im Vintage-Stil (tgl. 15–2 Uhr) ist ein beliebter Szenetreffpunkt. Morgens wird hier ein Frühstückbuffet aufgebaut. Nachmittags werden Kaffee und Kuchen angeboten, abends u. a. das WG Bräu und Mühlen-Kölsch gezapft. Im angeschlossenen Veranstaltungssaal finden Lesungen, Konzerte, Theater, Kino statt.

Richard-Wagner-Str. 39, Belgisches Viertel, T 0221 98 59 30 90, www.die-wohngemeinschaft.net, U: Rudolfplatz, €

Zwei unter einem Dach
Pension Jansen und Pension Otto

Karte 2, B 6

In dem großen Gründerzeithaus bieten gleich zwei Pensionen Unterkunft. Schauen wir zuerst bei Pension Jansen im zweiten Stock vorbei, deren sechs Gästezimmer kunterbunt und gemütlich eingerichtet sind. Bei der Pension Otto im ersten Stock sieht es ein wenig schicker aus. Hell getünchte Wände und Terrazzoböden sorgen für mediterranes Flair. In beiden Pensionen wird Frühstück auf Bestellung im Gemeinschaftsraum serviert, die Gästezimmer sind mit einem Waschbecken ausgestattet, Toiletten, Duschen oder Bad befinden sich jeweils auf der Etage.

Richard-Wagner-Str. 18, Belgisches Viertel, U: Rudolfplatz; Pension Jansen, T 0221 25 18 75, https://pensionjansen.de, €–€€; Pension Otto, T 0157 85 95 28 25, https://pensionotto.de, €

> **›BETTENSTEUER‹**
>
> Auf den Zimmerpreis schlagen einige Unterkünfte die Kulturförderabgabe (KFA) der Stadt in Höhe von 5 % auf.

Künstlerklause
Chelsea Karte 2, B 6

1986 erhielt der Künstler Martin Kippenberger Logis im Chelsea im Austausch gegen Kunst. Hotelier Werner Peters verfolgte dieses Prinzip weiter, sodass heute eine Gemäldesammlung die Gäste erfreut. Die 39 Zimmer sind technisch bestens ausgestattet; die ausgefallensten befinden sich unterm Dach, das spektakulär im dekonstruktivistischen Stil aufgesetzt wurde. Die meisten der Dachgeschosszimmer besitzen eine kleine Terrasse. Im legendären **Café Central** im Erdgeschoss können Sie frühstücken und abends auf einen Absacker einkehren.

Jülicher Str. 1, Belgisches Viertel, T 0221 20 71 50, www.hotel-chelsea.de, U: Rudolfplatz, €€–€€€

Wirtschaftswunderzeiten
The Circle Karte 2, C 5

Im spektakulären denkmalgeschützten Rundbau aus den 1950er-Jahren des Gerling-Quartiers paart sich der Geist des Wirtschaftswunders mit Zukunftsvisionen. Unter Regie der Gruppe 25hours Hotel entstanden 207 Zimmer in pfiffigem Design. Einen neuen Blick auf Köln ermöglichen das Restaurant **Neni** und die **Monkey Bar** im 8. Stock des Hauses. Für die Stadterkundung stehen flotte Leihräder bereit.

Im Klapperhof 22–24, Friesenviertel, T 0221 16 25 30, www.25hours-hotels.com, U: Friesenplatz, €€–€€€

Fast wie daheim

statthaus Karte 2, C 5

Das auffallend schmale hohe Gebäude mit vorbildlich renovierter neogotischer Fassade aus hellem Tuff- und Sandstein liegt in unmittelbarer Nachbarschaft von St. Gereon. Innen laden acht Apartments – jeweils mit Küchenzeile, Duschbad und Wohnraum – zum Wohlfühlen ein, ob für wenige Nächte oder mehrere Wochen. Die größeren Apartments mit Schlafempore eignen sich auch für Familien. Besonders geräumig ist die zweigeschossige Dachwohnung. Die Vermietung erfolgt vorzugsweise ab zwei Nächten. Da es keine permanent besetzte Rezeption gibt, müssen Sie vorab per Telefon oder Mail buchen.

Steinfelder Gasse 33, Friesenviertel, T 0221 660 08 46, www.statthaus.de, U: Christophstr., €–€€

Late Night Show

Ruby Ella Hotel & Bar Karte 2, C 5

Der kompakte Hotelneubau entstand im entkernten Hofkarree hinter dem ehemaligen Capitol Kino (heute ein Supermarkt). Bodentiefe Fenster und Fassadenbepflanzung sorgen für Wohlfühlklima in den 186 stylischen Zimmern. Auf überflüssige und teure Extras wird verzichtet, ohne dass es an Komfort mangelt. Die Gäste checken ausschließlich per Smartphone ein, die Rechnung kommt online. Die Bar ist 24 Stunden geöffnet und öffentlich zugänglich. Ihre Ausstattung erinnert an die legendäre Harald Schmidt Show, die in den 1990er-Jahren allabendlich im Capitol aufgezeichnet wurde. Dachterrasse, eine kleine Parkgarage und der Verleih von Ruby Bikes runden das Angebot ab.

Hohenzollernring 79–83, Belgisches Viertel, www.ruby-hotels.com, U: Friesenplatz, Reservierung nur online, €€, Bar 24/7 geöffnet

JUGENDHERBERGEN

Das Jugendherbergswerk unterhält drei Häuser in Köln. Das größte mit über 500 Betten befindet sich in **Köln-Deutz,** nur wenige Schritte von der Lanxess Arena entfernt. Die etwas kleinere Herberge (366 Betten) liegt in **Köln-Riehl** fast im Grünen. Das jüngste und kleinste Haus (165 Betten), der **Pathpoint** nahe dem Hauptbahnhof, richtet sich speziell an Backpacker (www.jugendherberge.de, Herbergsausweis erforderlich, €).

Ruhiges Ambiente

Casa Colonia E 4

Das familiär geführte Hotel in einem Haus vom Ende des 19. Jh. bietet 16 schick gestaltete Zimmer mit viel Komfort. In Nr. 23 sehen Sie beim Aufwachen sogar die Domtürme. Den Blick auf das Kölner Wahrzeichen bietet sich auch aus dem geräumigen Apartment im Dachgeschoss. Das Frühstück – bei schönem Wetter auch im Innenhof – ist günstig und reichhaltig.

Machabäerstr. 63, Altstadt Nord, T 0221 16 06 00, https://casa-colonia.de, U: Breslauer Platz/Hbf, €€–€€€

Für Designfreaks

Hotel Santo E 3

Hochwertige edle Materialien und ein neuartiges Lichtkonzept prägen das avantgardistische Ambiente des Design-Hotels nahe der Musikhochschule im Kunibertsviertel. In den 69 mit Parkett ausgelegten Zimmern dominieren warme Beige- und Brauntöne, einige Möbel in weißem Schleiflack setzten trendige Akzente. Im hauseigenen Restaurant können Sie sich für den Tag am Frühstücksbuffet mit kalten und warmen Speisen stärken.

Dagobertstr. 22–26, Altstadt Nord, T 0221 913 97 70, www.hotelsanto.de, U: Ebertplatz, €€–€€€

Schnörkellos schön

Hopper St. Josef E 8

Der beeindruckende gelbe Klinkerbau in der Südstadt diente u. a. als Kinderheim, Pensionat, Volksküche, Altenheim und setzt nun als Hotel die Tradition in gewisser Weise fort. Nur, dass die Gäste heute Komfort und schlichte Eleganz vorfinden. Skulpturen der Münsteraner Kunstakademie, die alle den Namensgebers des Hauses thematisieren, verleihen jedem Zimmer eine persönliche Note. In den historischen Kellerräumen verwöhnt ein

Das Ruby Ella Hotel beweist, wie schick und luftig es sich im Hinterhof wohnt.

Wellnessbereich. Das Frühstücksrestaurant in der ehemaligen Hauskapelle heißt treffend Himmelreich. Den Blick in den Himmel gibt's auf der Hofterrasse.

Dreikönigenstr. 1–3, Südstadt, T 0221 99 80 00, https://hopper.de/hotel-st-josef, U: Chlodwigplatz, €€–€€€

Viel Komfort für wenig Geld

Motel One Köln-Waldmarkt

Karte 2, E 7

Ein frischer Look in Türkisblau, Weiß und Brauntönen sowie ein gut gelauntes Serviceteam sorgen für eine angenehme Atmosphäre in dem topmodernen Haus, das ein super Preis-Leistungs-Verhältnis bietet. Die 369 Zimmer sind optimal schallisoliert, sodass der vorbeirauschende Verkehr auf einer von Kölns Hauptverkehrsachsen die Nachtruhe nicht stört. Zentraler Treffpunkt ist die One Lounge im Erdgeschoss. Weitere Motels One befinden sich am Mediapark, am Neumarkt und an der Messe.

Tel-Aviv-Str. 6, Innenstadt, T 0221 27 25 95-0, www.motel-one.com, U: Severinstr., €€

Auf dem ehemaligen Fabrikgelände

Koncept Hotel Josefine

außerhalb E 1

Auf dem Areal der Clouth-Gummiwerke, lange Jahrzehnte wichtigster Arbeitgeber in Nippes, entstand ein urbanes Wohnviertel. Im 3. Stock des Gebäudes Clouth 104 bietet das Josefine, dessen Name eine Hommage an die einstige couragierte Firmenchefin ist, 40 schicke ›Gästezimmer‹ für Anwohner und Touristen. Rezeption und Lobby fehlen, denn der Checkin erfolgt übers Smartphone. Dass hier kein Frühstück angeboten wird, stört nicht: Es gibt ja das coole **Café Tor 1** im früheren Pförtnerhäuschen der Clouth-Werke. Weitere Koncept Hotels befinden sich am Blaubach und am Alter Markt.

Niehler Str. 104, Clouth 104, Aufgang B, 3. Stock, Nippes, T 0221 16 53 03 95, https://www.koncepthotels.com/hotel-josefine-koeln, U: Kinderkrankenhaus, €€

Kommunikationsfreudig

Weltempfänger A 4

Wer für die Übernachtung nicht so viel Geld ausgeben, aber gerne mit anderen Reisenden und Einheimischen ins Gespräch kommen möchte, ist in dem Hostel in Köln-Ehrenfeld genau richtig. Neben Zimmern mit Hochbetten für zwei, vier oder sechs Personen gibt es auch hübsche Doppel- und sogar Einzelzimmer mit eigenem Bad. Als Kommunikationsbörse dienen die Küche für Selbstversorger und das Café im Erdgeschoss.

Venloer Str. 196, Ehrenfeld, T 0221 99 57 99 57, www.koeln-hostel.de, U: Piusstr., €

ZUM SELBST ENTDECKEN

Sie wollen in ein kölsches Brauhaus einkehren? In der **Altstadt** haben Sie die Wahl der Qual. Aktuelle Gastronomietrends werden hingegen in **Friesenviertel, Belgischem Viertel** und **Südstadt** gepflegt. Die Lokale im **Univiertel** haben sich auf Geschmack und Budget der Studierenden eingestellt. Auch die äußeren Stadtviertel wie **Nippes, Ehrenfeld, Sülz** links, **Deutz** und **Mühlheim** rechts vom Rhein besitzen eine lebendige und interessante Gastronomieszene. Umfassend informiert das Jahresheft **»tagnacht«** über die Restaurants der Domstadt.

PREISE

So viel kostet in etwa ein Hauptgericht oder Menü:

€ unter 18 Euro
€€ 18–30 Euro
€€€ über 30 Euro

›Himmel un Äd‹

So könnte eine kurze Charakterisierung der Kölner Gastronomieszene lauten, die vom Sternerestaurant bis zum bodenständigen Brauhaus alle Register zieht. Gemeint ist aber ein typisches Gericht der kölschen Küche aus geschmorten Äpfeln – dem Himmel –, Stampfkartoffeln – der Erde (Äd) – und dazu gebratene ›Flönz‹, also Blutwurst.

Nun werden Sie vermutlich sagen: »Ih, Blutwurst, mag ich nicht.« Lassen Sie sich überzeugen, die Hausmannskost hat es inzwischen sogar auf die Speisekarten der Gourmettempel geschafft – modern interpretiert und mit feinster Wurst vom Metzger des Vertrauens, versteht sich.

Kölsche Küche reloaded ist im Trend, ebenso Hamburger, Bowls und Rolls. Beliebt sind auch Teller mit vielen unterschiedlichen Happen zum Teilen. Nachhaltigkeit ist bei Wirten und Gästen ein sehr wichtiges Thema. Die Gastronomie für Vegetarier und Veganer wächst. Überhaupt können Sie in vielen Lokalen Speisen ohne tierische Produkte genießen.

Kölns Restaurants sind so multikulti wie seine Einwohner. Die Zuwanderer haben tiefe Spuren auf der Speisekarte hinterlassen, die auch außergewöhnliche Gaumenkitzel aus den fernsten Ecken der Welt bereithält. Die Gourmetküche kommt ebenfalls nicht zu kurz. 2024 erhielt Ox&Klee als einziges Restaurant in Köln zwei Sterne von Michelin, da das Spitzenlokal Le Moissonnier nur noch ›einfache‹ Bistroküche serviert. Doch auch die würdigte Michelin umgehend mit einem Stern.

Im Früh ist es niemals zu spät für ein frisches Kölsch.

SO BEGINNT EIN GUTER TAG IN KÖLN

Original Interieur der 1950er-Jahre

Funkhaus Karte 2, E 5

Das Lokal mit der großzügigen Fensterfront im WDR-Funkaus am Wallrafplatz ist legendär. In den 1950er-Jahren hatte der Sender hier seine Kantine. Fotos und Einrichtung erinnern an die Anfänge. Am Morgen stärkt ein reichhaltiges Frühstück, später schmeckt mediterrane Bistroküche. Abends können Sie sich am Tresen einen Cocktail mixen lassen. Beliebt sind auch die Tische draußen am belebten Platz.

Wallrafplatz 5, Dom, T 0221 955 64 54 24, www.funkhaus-koeln.de, U/S: Dom/Hbf, So–Do 9–22, Fr, Sa 9–23 Uhr, Frühstück €, HG €–€€

Pure Verführung

Törtchen Törtchen Karte 2, C 5

Wenn Sie in dem schmalen Café oder der Gartenlounge erst einmal einen Tisch ergattert haben, kann der Tag mit verschiedenen Frühstücksvarianten beginnen. Ob französisch mit luftigen Croissants und Fruchtaufstrich oder zünftig mit Landbrot, Bergkäse und Schinken. Dazu gern auch ein Gläschen Prosecco. Mittags werden herzhafte kleine Gerichte angeboten. Vor allem aber verführen feinste Törtchen und Patisserie – die bunten Macarons sind der Renner.

Apostelnstr. 19, City, T 0221 27 25 30 81, www.toertchentoertchen.com, U: Neumarkt, Mo–So 11–18 Uhr, €

Für Kaffee-Genießer

Die Rösterei Karte 2, B 6

Ein aromatischer Kaffeeduft zieht durch das schlauchartige Lokal und belebt sofort den Geist. Die fair gehandelten Bohnen des *moxxa caffè* aus dem mexikanischen Hochland werden frisch geröstet und in vielen Variationen angeboten. Dazu gibt es ein abwechslungsreiches Frühstück. Später am Tag bereitet die öko-zertifizierte Küche eine Handvoll saisonale Gerichte zu, die wöchentlich wechseln.

Aachener Str. 22, Belgisches Viertel, T 0221 22 20 66 83, www.moxxacaffe.de, U: Friesenplatz, Mo–Fr 9–24, Sa 10–24, So 12–24 Uhr, HG Frühstück, Lunchtime, HG €

Vegan trifft Vintage

Café Vevi Karte 2, B 6

In dem kleinen Vintage Café fühlt man sich gleich wie zu Hause. Das Interieur ist ein fröhliches Sammelsurium und das Porzellan bunt zusammengewürfelt. Mit ihren himmlischen Rawcake-Kreationen kann Café-Inhaberin Jess selbst Nicht-Veganer überzeugen. Zum Frühstück schmecken Overnight Oates, Smoothie-Bowls oder fein komponierte Sandwiches und Stullen, dazu eine Hatcha Latta oder ein Lupinen-Espresso. Alles ist frisch und garantiert ohne tierische Produkte zubereitet.

Brüsseler Str. 29, Belgisches Viertel,, T 0221 29 85 66 78, https://vevi-cafe.eatbu.com, U: Moltkestr., Mi–Mo 10–18 Uhr, Frühstück €, HG €

Existenzialistisch

Café Schmitz D 3

Das Lokal im Eckhaus ist eine feste Größe im Eigelsteinviertel. Die großen Fenster geben den Überblick über das Geschehen auf dem Ring. Viele Gäste vergraben sich aber hinter einer der Zeitungen, die hier in großer Auswahl ausliegen. Frühstück gibt es auch für Langschläfer. Der Mittagstisch ist günstig, die Weine sind passabel. Naschkatzen lassen sich von selbst gebackenem Kuchen verführen.

Hansaring 98, Innenstadt, T 0221 139 77 33, www.cafeschmitz.de, U/S: Hansaring, tgl. ab 9 Uhr, Frühstück u. Imbiss €

No Waste!

Impact Café B 9

Das Kölner Startup Plastic2Beans vertreibt biologisch angebauten Kaffee aus dem äthiopischen Hochland und unterstützt zugleich vor Ort Recyclingprojekte. Nun kann man die Kaffeespezialitäten auch in dem sympathischen Nachbarschaftskaffee in Sülz genießen. Den Hunger stillen Müsli, Porridge oder Pancakes, Injera oder Quiche, Waffeln oder Kuchen – alles fast ausschließlich vegan.

Luxemburger Str. 190, Sülz, T 0156 78 41 21 68, https://plastic2beans.com, U: Luxemburger Str., Di–Fr 10–18, Sa, So 11–18 Uhr, €

WO ESSEN AUF NACHHALTIGKEIT TRIFFT

Aus regionalem Anbau

maiBeck Für Dich Karte 2, F 5

Jan Cornelius Maier und Tobias Becker beweisen, dass man auch in der Altstadt mit kreativer Küche punkten und das Preisgefüge trotz Michelin-Stern moderat bleiben kann. Sie legen Wert auf gute regionale Grundprodukte und machen selbst aus einem Wintergemüse-Eintopf ein kulinarisches Erlebnis. Da einige Gerichte als kleine oder große Portion geordert werden können, ergeben sich vielfältige Kombinationsmöglichkeiten. Die Einrichtung ist eher ein wenig unterkühlt, lenkt aber so nicht vom kulinarischen Genuss ab. Selbst der Rheinblick wird hier zur Nebensache.

Am Frankenturm 5, Altstadt, T 0221 96 26 73 00, www.maibeck.de, U/S: Dom/Hbf, Di–So 12–15, 18–23 Uhr, €€€

Relikt aus den 1980ern

Osho's Place Karte 2, B 5

Die orange gekleideten Bhagwan-Anhänger sind aus dem Viertel verschwunden, ihr vegetarisches Selbstbedienungsrestaurant hält nach wie vor die Stellung und hat sich auch auf vegane Kunden eingestellt. Es gibt täglich wechselnde warme Gerichte, ein Salatbuffet, verschiedene Kuchen und Desserts sowie am ersten Freitag im Monat einen indischen Thali Abend (ab 18 Uhr). Der Gastraum besitzt etwa so viel Flair wie eine Schulkantine, um so hübscher ist der begrünte Innenhof.

Venloer Str. 5–7, Belgisches Viertel, T 0221 800 05 81, www.oshosplace.de, U: Friesenplatz, 11.30–ca. 19 Uhr, Mittagstisch Mo–Sa 12–14.30, Buffet Di–Sa ab 15, Brunch und Buffet So 11.30–18 Uhr, €

Neue deutsche Küche

Christoph Paul's Restaurant

Karte 2, B 6

Die ehemalige Klosterkapelle bildet den außergewöhnlichen Rahmen für einen wundervollen kulinarischen Abend. Bei Christoph Paul kommt die bürgerliche Küche zu neuen Ehren. Sie ist verfeinert und scheut auch keine Anleihen jenseits der Grenzen, wie etwa der Flammkuchen mit Sauerkraut und Boudin oder das Confit von der Entenkeule auf Rotkohl mit Serviettenknödel. Die Küche arbeitet am liebsten mit regionalen Erzeugern zusammen. Selbst die Weine stammen vorwiegend aus deutschem Anbau, sind keineswegs überteuert und werden auch glasweise ausgeschenkt.

Brüsseler Str. 26, Belgisches Viertel, T 0221 34 66 35 45, https://christoph-paul.jimdo.com, U: Di–Sa 18–24 Uhr, €€€

Produkte aus der Umgebung

Café Feynsinn Karte 2, B 7

Die beliebte Anlaufstelle am Rathenauplatz setzt auf Bio und Nachhaltigkeit. So wächst das Gemüse in einer Gärtnerei auf der Schäl Sick, Steaks und Burger stammen von Bio-Rindern aus dem Bergischen Land. Die Verarbeitung erfolgt nach Slow-Food-Kriterien. Zu den Köstlichkeiten aus der Küche empfiehlt Ihnen die Bedienung gerne den passenden Wein, der auch glasweise ausgeschenkt wird. Unter der himmelblau-golden bemalten Decke mit den opulenten Lüstern aus Scherben lässt sich aber nicht nur mittags und abends angenehm speisen, auch das Frühstück und die Kuchenauswahl am Nachmittag lohnen die Einkehr.

Rathenaupl. 7, Univiertel, T 0221 240 92 10, www.cafe-feynsinn.de, U: Zülpicher Platz, Mo–Fr 9–24, Sa 9.30–24, So 10–24 Uhr, Mittagstisch €, abends HG €–€€

Erstklassige Veedelsküche

Café Sehnsucht A 3

Vom Frühstück über den hausgemachten Kuchen tagsüber bis zum Abendessen speisen Sie in diesem Allrounder biozertifiziert und ausgesprochen gut. Die kreativen Speisen lohnen den Weg nach Ehrenfeld. Aber besser vorab reservieren! Auch die Auswahl an Weinen und Obstbränden kann sich sehen lassen. Dazu sitzt man hier ausgesprochen gemütlich. Alte Fliesen und Kanonenöfen verleihen dem Gastraum den gewissen Charme. Ein

Im klösterlichen Ambiente zelebriert Christoph Paul die kreative bürgerliche Küche.

Extrabonbon sind der Wintergarten und die lauschige Innenhofterrasse.
Körnerstr. 67, Ehrenfeld, T 0221 52 83 47, www.sehnsucht-koeln.de, U: Liebigstr., Mo–Do 23, Fr, Sa 9–24 Uhr, €–€€

Bar à vin mit Kneipencharme

Frohnatur außerhalb A 4
Ein junges Team, eine helle und hippe Location, Wein und Essen auf höchstem Niveau – in dieser Straße hinter dem Ehrenfelder Bahnhof, wo sich zuvor eine Veedelskneipe befand, erwartet man das nicht. Nur die Kegelbahn im Hinterzimmer (für größere Gesellschaften) verrät noch die ehemalige Kneipe. Ein frisch gezapftes Kölsch wird weiterhin serviert, aber im Fokus steht Weingenuss und zwar ausschließlich Naturwein. Die Küche arbeitet mit nachhaltigen Lieferanten der Region. Fleisch wird möglichst von ›nose to tail‹ verarbeitet.
Hansemannstr. 33, Ehrenfeld, T 0221 56 07 42 07, www.frohnatur.wine, U/S: Bf Köln-Ehrenfeld, Mi–Sa 18–24 Uhr, HG €–€€

Institutionen und Szenetreffs

Nie zu spät!

Früh am Dom Karte 2, E 5
1904 wurde das Traditionsbrauhaus von Peter Josef Früh in unmittelbarer Nähe zum Dom gegründet. Daher finden außer Ur-Kölnern auch viele Touristen früher oder später den Weg zum Früh. In der rustikalen Schänke, den verwinkelten Gaststuben, die z. B. Sauna, Wappensaal und Feinkosttheke heißen, herrscht meist drangvolle Enge. Daher wurden nach Verlegung der Produktion in den Kölner Norden in den Gewölben des alten Brauhauskellers weitere Gasträume geschaffen. Bei den ersten Sonnenstrahlen ist auch die Terrasse am Heinzelmännchenbrunnen stets proppenvoll. Seit 1899 setzt der Brunnen in Szene, wie *dolce vita* am Rhein hätte aussehen können.
Am Hof 12–14, Dom, T 0221 261 32 15, www.frueh-am-dom.de, U/S: Dom/Hbf, Mo–Fr 11–24, Sa–So 10–24 Uhr, €–€€

Pause im Einkaufdelta

Hase Restaurant Karte 2, C 5

Mitten im Kölner Galerienviertel gelegen versteht sich der Hase als die Speisekammer von Künstlern, Galeristen und Kunstfreunden. Parkett, Vertäfelung und Bistrotische in hellem Holz, Spiegel und handgeschriebene Tafeln an den Wänden sowie die langen Schürzen der Kellner verraten, hier wird Wert auf Stil gelegt. Aus der Küche kommen deutsche Klassiker mit gelungenen mediterranen oder asiatischen Anleihen. Dazu werden Weine von knapp einem Dutzend vor allem deutscher und italienischer Produzenten glasweise ausgeschenkt.

St. Apern-Str 17–21, Innenstadt, T 0221 25 24 88, www.hase-restaurant.de, U: Appellhofplatz/ Breite Str., €€

Kölsch verbindet

Päffgen Karte 2, C 5

Eigentlich ist jedes Brauhaus ein sehenswertes ›Highlight‹, in dem der Gast süffiges Kölsch probieren und als Neuling in Köln außerdem gratis soziologische Studien betreiben kann, denn hier treffen alle Altersklassen und gesellschaftlichen Schichten aufeinander. Es ist üblich, sich zu anderen Gästen an den Tisch zu setzen. Besonders beliebt ist das Brauhaus Päffgen. Es existiert schon seit über 125 Jahren und behauptet sich mühelos gegenüber den benachbarten Szenekneipen im angesagten Friesenviertel. Und bis heute wird Päffgen-Kölsch im Sudhaus hinter dem Lokal gebraut. Wer im typisch holzvertäfelten Innenraum keinen freien Platz findet, hat vielleicht im Winter- bzw. Biergarten das Glück, einen der 130 Plätze zu ergattern. Selbst für kleinere Gruppen ist abends eine vorzeitige Reservierung ratsam!

Friesenstr. 64–66, Friesenviertel, T 0221 13 54 61, www.paeffgen-koelsch.de, U: Friesenplatz, Di–So ab 12 Uhr, €

Sicherlich haben Sie schon gemerkt, dass sich hinter dem **Halven Hahn** nur ein Käsebrötchen verbirgt. Wie es zu der Bezeichnung kam, dafür hält der Kölner mehrere Erklärungen bereit. Wahrscheinlich wünschte ein Gast nur eine kleine Portion Käse und sagte im Dialekt: »Ich will bloß ne halve han« (Ich möchte nur einen Halben haben).

Treffpunkt der Jeunesse dorée

Heising & Adelmann

Karte 2, C 5

Der schicke Szenetreff besticht mit edel minimalistischem Design. Man trifft sich auf einen Drink an der langen Theke im Eingangsbereich oder nimmt im weitläufigen Speiseraum Platz. Im Sommer ist natürlich die mediterrane Terrasse im Hinterhof der Renner. Die anspruchsvoll zubereiteten Gerichte, z. B. Büsumer Krabben mit hausgebeiztem Lachs oder Zweierlei vom Pommerschen Strohschwein, wechseln wochenweise. Fisch und Fleisch kommen von ausgewählten Lieferanten und sind möglichst bio-zertifiziert. Auch die Auswahl an Flaschenweinen kann sich sehen lassen.

Friesenstr. 58–60, Friesenviertel, T 0221 130 94 24, https://heising-und-adelmann.de, U: Friesenplatz, Do 18–23.30, Fr, Sa 18–2.30 Uhr (Di, Mi coronabedingt geschl.) €€

Der Kneipenklassiker

Alcazar Karte 2, B 5

Über 30 Jahre existiert das Ecklokal inzwischen und ist so beliebt wie eh und je. Hier treffen sich allerdings weder die ganz Jungen noch die Hippster, für sie ist das Ambiente nicht cool genug. Aber auch so will ein Sitzplatz – ob innen an den schlichten Holztischen oder auf den Bierbänken draußen – erst mal ergattert werden. Dank des routinierten Services müssen Sie danach aber nicht lange warten. Zu soliden Küchenklassikern wird BöllBier vom Fass gezapft oder Landwein ausgeschenkt.

Bismarckstr. 39a, Belgisches Viertel, T 0221 51 57 33, www.alcazar-koeln.de, U: Friesenplatz, Mo–Fr 12–1, Sa 18–1, So 17–24 Uhr, €

KLEINE SOMMERFLUCHTEN

Zentrumsnah laden die Biergärten im **Stadtgarten** (Karte 2, B 5, Venloer Str. 40, www.stadtgarten.de) und am **Aachener Weiher** (A 6, Richard-Wagner-Str./Aachener Str., http://biergarten-aachenerweiher.de, s. Foto) sowie **Hellers Volksgarten** (C 9, Volksgartenstr. 27, www.hellers.koeln/volksgarten-hellers) mit viel Grün zu einer Auszeit vom Stadtleben ein. Unter alten Bäumen lässt es sich auch mitten in der Neustadt im **Biergarten Rathenauplatz** (Karte 2, B 7, Rathenauplatz 30) entspannen. Weitere Freiluftlokale liegen in den äußeren Veedeln. Einer der schönsten Biergärten besitzt das **Herbrand's** in Ehrenfeld (außerhalb A 4, Herbrandstr. 21, https://herbrands.de), das mit Club und Konzerthalle zugleich Eventlocation ist. Im äußersten Süden der Südstadt versteckt sich der hübsche Biergarten des **Alteburg** (F 10, Alteburger Str. 139, https://alteburg.com). In der Regel öffnen die Außengastronomien bei schönem Wetter ab mittags.

Schnitzelexperte

Bei Oma Kleinmann Karte 2, B 7

Die Bilder an den Wänden halten fest, dass Paula Kleinmann Generationen von Studierenden vor dem Verdursten und Verhungern bewahrte. Das Team, das heute in der Küche und hinter der Theke steht, führt das traditionsreiche Ecklokal im Sinne der ehemaligen Chefin weiter. Die rheinische Hausmannskost, vor allem Schnitzel und Pulled Pääd (Sauerbraten), sind unschlagbar gut.

Zülpicher Str. 9, Univiertel, T 0221 23 23 46, www.beiomakleinmann.de, U: Friesenplatz, Di–Do, So 17–24, Fr, Sa 17–1 Uhr, HG 10–20 €

EXPERIMENTIERFREUDIG UND UNGEWÖHNLICH

Nicht nur roher Fisch

Momotaro Karte 2, C 6

Das kleine japanische Restaurant ist leicht zu übersehen, dennoch ist es immer ausgebucht. Kein Wunder bei nur 20 Plätzen! Die schlichte funktionale Einrichtung animiert zwar nicht zum langen Verweilen, aber die Sushis sind von allerbester Qualität – der Fisch frisch, die Konsistenz des Reises perfekt, der Säuregrad genau

richtig. Auch die übrigen Gerichte, ob Sashimi oder Tempura, frittierter Tofu und Fisch oder japanische Maultaschen überzeugen. Der Sushi Lunch wird wie alle Mittagsgerichte mit einem Salat und Miso-Suppe serviert. Am Abend stellt man sich aus der Karte ein Menü zusammen. Die Schale mit japanischem Grüntee wird auf Wunsch immer wieder aufgefüllt.
Benesisstr. 56, Innenstadt, T 0221 257 14 32, www.momotaro-koeln.de, U: Rudolfplatz, Di, Mi, Fr, Sa 12–14, Di–Sa 18–21 Uhr, €–€€

Kimchi & Co
Hankki Karte 2, B 5
Eine Reservierung ist bei diesem Koreaner ratsam. Aber selbst dann ist Geduld gefragt, denn der Andrang ist immens. Entsprechend laut und wuselig geht es zu. Der Service bleibt trotz Stress freundlich. Spezialität des Hauses sind knusprig frittierte Hühnchenstücke – mit und ohne Knochen, wahlweise mit süßer oder scharfer Sauce. Die Portion ist üppig bemessen und reicht selbst in Größe M zum Teilen. Natürlich gibt es auch Kimchi, gerollte Omeletts, Pfannkuchen, Reiskuchen und Eintöpfe.
Brabanter Str. 42, Belgisches Viertel, T 0221 67 81 16 94, www.hankki.de, U: Friesenplatz, Di–Fr 17–24, Sa, So 12–24 Uhr, HG €–€€

A la française – Epicerie Boucherie

100 Prozent fleischlos
Well Being Karte 2, B 5
Der herzliche Empfang durch Frau Thu Khue und die bunten Lampions zaubern den Gästen sofort ein Lächeln auf die Lippen. Den Gaumen erfreuen typisch vietnamesische, teils scharfe Suppen, Currys, Rolls, Bowls und Wok-Gerichte. In den Topf kommen ausschließlich Bio-Gemüse und Bio-Tofu, Reis und Nudeln, keine Geschmacksverstärker und künstlichen Zusatzstoffe. Auch Nicht-Veganer und Nicht-Vegetarier schätzen die abwechslungsreichen, frisch zubereiteten Speisen.
Brabanter Str. 48, Belgisches Viertel, T 0221 29 92 56 82, www.wellbeing-koeln.de, U: Friesenplatz, Di–So 17–21.30 Uhr, €

Zaubersalsa aus Peru
Tigermilch Karte 2, B 6
Das Restaurant macht Köln mit der peruanischen Küche bekannt: u. a. Quinoa in unterschiedlicher Zubereitung, Pommes oder frittierte Bällchen aus der Maniokwurzel *(yuca frita/*yuca bols) und natürlich *ceviche.* Grundlage des Nationalgerichts ist roher Fisch, der in *leche de tigre* (Tigermilch) mariniert wird. Die Gewürzsauce mit Chili und viel Limettensaft soll stark wie ein Tiger machen und jeden Kater besiegen. Also genau das Richtige, wenn der *pisco sour* zu reichlich fließt.
Brüsseler Str. 12, Belgisches Viertel, T 0221 75 98 58 21, www.tigermilch.kitchen, U: Moltkestr., Di–Do 18–23, Fr, Sa 18–1, So 18-22 Uhr, €€

Namaste
Ginti Karte 2, B 6
Die indische Küche in all ihren Facetten können Sie hier zwischen goldenen Wandtatoos an schwarzen Holztischen kosten. Es gibt Geflügel, Lamm, Fisch, dazu rein vegetarische Speisen sowie Spezialitäten aus dem Tandoor-Ofen. Natürlich darf frisch gebackenes Naan-Brot nicht fehlen, das die Schärfe der Currys mildert. An Wochenenden ist das Lokal grundsätzlich überfüllt. Kommen Sie besser während der Woche.
Händelstr. 33, Belgisches Viertel, T 0179 799 22 04, https://ginti.de, U: Rudolfplatz, tgl. 11–23 Uhr, HG €–€€

Koschere Kantine

Mazal Tov Karte 2, B 7

Das Gemeinderestaurant der Synagoge kann jeder besuchen, wegen der Sicherheitsvorkehrungen bedarf es allerdings einer Reservierung. Zudem richten sich die Öffnungszeiten nach der Nachfrage. Natürlich ist das Essen koscher, vor allem aber unglaublich lecker. Allein die Vorspeisen, die Küchenchef Dmitri Zaretski in kleinen Schälchen serviert, sind die Wucht. Hauptspeisen wie Tscholent, gefillte Fisch oder Shawarma zählen selbstverständlich auch zu seinem Repertoire.

Roonstr. 50, Univiertel, T 0221 240 44 40, www.sgk.de, U: Zülpicher Platz, HG €–€€

Fingerfood

Fasika Karte 2, C 7

Degene Kasahun möchte seinen Gästen authentisches äthiopisches Essen bieten. Dazu gehören jede Menge Gewürze und das säuerliche Fladenbrot Injera, mit dem die Speisen zum Mund befördert werden. Denn in Degenes Heimat ist es üblich, mit den Fingern zu essen. Ungewöhnlich ist auch, dass die Gerichte auf großen Platten serviert werden, von denen sich alle am Tisch bedienen. Die Kölner sind unkompliziert und offen für fremde Sitten, freut sich der Gastwirt.

Luxemburger Str. 17, Univiertel, U: Barbarossa Platz, T 0221 42 04 8 91, www.fasika-koeln.de, Sa–Do 17–21.30 Uhr, €

Französische Feinkost

Epicerie Boucherie E 9

Ein Besuch bei David Boucherie – ja, das ist sein Familienname und hat nichts mit einer Metzgerei zu tun – ist wie ein Kurzurlaub in Frankreich. Die Gäste sitzen an hellen Holztischen zwischen Weinregalen und einer Theke mit Spezialitäten. Die können gleich an Ort und Stelle probiert oder für daheim eingekauft werden. Um das Frankreichfeeling komplett zu machen, laufen im Hintergrund Chansons. Außer Quiches und Tartines aus knusprigem Landbrot verzeichnet die Schiefertafel immer ein knappes Dutzend wechselnder Tagesgerichte.

Elsaßstr. 3, Südstadt, T 0221 31 08 19 99, https://epiceriebouchérie.de, U: Chlodwigplatz, Mo–Do 16–23, Fr, Sa 10–23 Uhr, Mittagstisch €

Für Burgerfans

Die Fette Kuh E 9

Die Schlange reicht regelmäßig bis auf den Bürgersteig, als ob es keine anderen Burgerläden in der Stadt gäbe. Das spricht für Qualität! Es wird nur naturbelassenes Fleisch von Weiderindern vom Niederrhein verarbeitet und täglich im Haus frisch durch den Wolf gedreht. Als Beilage kommen natürlich Fritten auf den Teller, außerdem *coleslaw* (Krautsalat), karamellisierte Zwiebeln und verschiedene hausgemachte Saucen. Fast alle Burger gibt es auch als Veggie-Variante.

Bonner Str. 43, Südstadt, www.diefettekuh.de, U: Chlodwigplatz, Mi–Mo 12–22 Uhr, €

Speisen zum Probieren und Teilen

Wallczka außerhalb A 2

Klingt Polnisch, ist aber eine Zusammensetzung aus den Nachnamen der beiden Gründerinnen. Kulinarisch geht es undogmatisch zu: Die verschiedenen Mezze sind deutsch, osteuropäisch, mediterran oder asiatisch, mit Fleisch, vegetarisch oder vegan. Zwei bis drei Mezze reichen, um satt zu werden. Kerzenschein verleiht dem Lokal im industrial Style ein heimeliges Ambiente.

Subbelrather Str. 295, Neu-Ehrenfeld, T 0221 29 84 21 56, www.wallczka.com, U: Subbelrather Str./Gürtel, Mo 17–23, Di–Fr 12–23, Sa, 10–23 So 10–22 Uhr, Mezze €

Ausflug nach Klein-Istanbul

Mevlana außerhalb H 3

Keine andere Straße in Köln ist so sehr türkisch geprägt wie die Keupstraße in Mülheim. Hier reihen sich orientalische Lokale und Läden aneinander, darunter stilvolle Restaurants wie das Mevlana. Die Vorspeisen überzeugen durch Vielfalt, Frische und Geschmack. Man muss sich bremsen, denn auch der Lammspieß vom Holzkohlegrill, Tas Kebap (geschmortes Fleisch) oder Etli Ekmek (gefüllte Teigtasche) schmecken köstlich. Beim Baklava muss man in der Regel leider passen.

Keupstr. 47–49, Mülheim, T 0221 62 65 59, www.mevlanakoeln.de, U: Keupstr., tgl. 6–2 Uhr, €

ZUM SELBST ENTDECKEN

Hohe Straße, Schildergasse und **Breite Straße** sind Kölns Haupteinkaufsmeilen. Rund um den **Neumarkt** bestimmen Trend-Shops für Mode, Schmuck, Geschenke und Accessoires das Angebot. Die Mischung von superedel bis trendy machen den Reiz aus: Exklusiv geben sich Mittel-, Pfeil- und Benesisstraße. Junge Designermode zu erschwinglicheren Preisen offerieren die Geschäfte in Ehren- und Apostelnstraße. Im **Friesenviertel** und **Belgischen Viertel** finden sich viele kleine Boutiquen und Ateliers, die Kölner und internationale Modelabels vertreten. Neue Wohnideen zeigen die Schaufenster am **Hohenstaufen-** und **Kaiser-Wilhelm-Ring.** Abseits des Zentrums bilden **Agnesviertel, Ehrenfeld** und **Sülz, Severinsviertel** und **Südstadt** den Nährboden für neue Geschäftsideen.

Eis für alle

Wenn der Schaufensterbummel nicht all Ihre Aufmerksamkeit beansprucht, wird Ihnen am Neumarkt die riesige umgestülpte Eistüte ins Auge fallen. Das Pop-Art-Duo Oldenburg/van Bruggen setzte sie auf das Dach der Neumarktgalerie als Symbol für Konsumgenuss – ein Füllhorn, das über den Flanierenden ausgeschüttet wird. Nur gut, dass das Eis garantiert nicht schmilzt. Wenn's dennoch von oben kleckert – Tauben sind auch in Köln eine Plage.

Kölns Einkaufswelt gibt sich wenig nobel und gestylt, sie kommt relativ bunt, innovativ und frech daher und zieht auch aus dem benachbarten Ausland Kaufwillige an. Von der Domplatte ergießt sich der Strom der Flaneure automatisch in die zentralen Einkaufsmeilen zwischen Dom und Neumarkt: die Hohe Straße und die Schildergasse. Beide bildeten bereits in römischer Zeit die wichtigsten städtischen Achsen.

Besonders an den Samstagen vor Weihnachten ist hier oft kein Durchkommen mehr. Neben den Filialen internationaler Modeketten haben vor allem die Billiganbieter in Sachen Schmuck und Jeans sowie Schnellrestaurants Hochkonjunktur. Straßenhändler und -künstler ergänzen das Bild.

Wer ausgefallenere Angebote und Fachgeschäfte sucht, darf sich nicht von der Menge treiben lassen. Bereits in der parallel zur Schildergasse verlaufenden Breite Straße, erst recht in den kleinen Nebenstraßen wird das Sortiment vielfältiger.

Globetrotter garantiert den Erlebniseinkauf.

MUSIK UND DRUCKSACHEN

Echte Plattenladenatmosphäre

Underdog Recordstore D 3

Lars Hoffmann und seine Mitarbeiter lieben Vinyl und haben allen Krisen im Musikverkauf getrotzt. Über 20 000 Platten umfasst das Angebot, das von Indie über Punk, Hardcore, Oldschool HipHop, Noise, 60's/Garage und Metal bis zu Filmsoundtracks reicht. Außerdem Verkauf von Konzerttickets.

Ritterstr. 52, Innenstadt, https://underdogrecordstore.de, S/U: Hansaring, Mo–Fr 11.30–19, Sa 11–18 Uhr

Der Spezialist

Tonger Karte 2, C 5

Das Haus zählt zu den ältesten Musikfachhandlungen in Deutschland und gilt als einer der führenden Notenhändler Europas. Über 15 000 Noten können direkt von der Website geladen werden. Auch bei der Suche nach seltenen Notenblättern sind die Spezialisten gerne behilflich. Außerdem umfasst das Sortiment Bücher, Software und Geschenkartikel für den Musikliebhaber.

Zeughausstr. 24, Innenstadt, http://musik-tonger.de, U: Appellhofplatz/Breite Str., Mo–Fr 11–18, Sa 11–15 Uhr

Kunst im Kleinformat

Postkartenladen Walther König Köln Karte 2, D 5

Mit ca. 50 000 verschiedenen Postkarten besitzt der Laden das größte Sortiment in Deutschland. Die Kunst-Motive reichen von der Höhlenmalerei bis zur Streetart. Sie sind im ersten Stock in schwarzen Schubfächern entlang der Wände einsortiert, geordnet nach Epochen und alphabetisch nach Künstlernamen. Es gibt garantiert kein wichtiges Kunstwerk, das Sie hier nicht in Miniatur finden können. Im Erdgeschoss verführen Gruß- und Fun-Karten, kleine Büchlein und ausgefallene Geschenkartikel aus aller Welt dazu, das Portemonnaie zu zücken.

Breite Str. 93, Innenstadt, https://postkartenladen.koeln U: Appellhofplatz/Breite Str., Mo–Sa 11–19 Uhr

Kein Bier im Haus, nichts Süßes, keine Lektüre? Kein Problem! Das **Büdchen** an der nächsten Ecke hilft in allen Notsituationen. Hier werden natürlich auch die letzten Neuigkeiten aus dem *Veedel* ausgetauscht, manchmal bei einem Kaffee. Doch seit Supermärkte selbst in Stadtrandlagen bis weit in die Nacht hinein öffnen, steht das Büdchen auf der Liste der bedrohten kölschen Institutionen. Impressionen hält die Website www.ambuedche.de fest.

DELIKATESSEN UND LEBENSMITTEL

Von fleißigen Bienen

Honig Müngersdorff Karte 2, D 6

Seit 1847 verkauft das Familienunternehmen, mittlerweile in der sechsten Generation, hochwertige Imkereiprodukte. 35 Sorten Honig aus aller Welt sowie Pollen, Gelee Royale und Propolis werden angeboten. Das Sortiment umfasst zudem Spezialitäten wie Honigwaffeln, Honigbier und Honiglikör, Kosmetika und Kerzen. Darüber hinaus gibt es alles für den Imkereibedarf.

An St. Agatha 37, Innenstadt, www.honig-muengersdorff.de, U: Neumarkt, Mo–Fr 10–18, Sa 10–16 Uhr

Mediterraner Genuss

Oil & Vinegar Karte 2, D 5

Wer gerne kocht und isst, wird dem Angebot aus über 600 kulinarischen Produkten kaum widerstehen können: Öl und Essig, Gewürz- und Kräutermischungen, Schokolade und Honig, Pasta und Risotto. Kleine Schälchen mit Saucen und Dips verführen zum Probieren. Hübsch verpackt werden die Kulinaria zum attraktiven Mitbringsel.

Breite Str. 103–135, Innenstadt, www.oilvinegar.com, U: Appellhofplatz/Breite Str., Mo–Fr 10–19, Sa 10–18 Uhr

Karibisches Feuer
Kölner Rum Kontor E 3
Knapp 1000 Sorten Rum bringen einen Hauch von Karibik nach Köln und regen an, die mannigfaltigen Geschmacksrichtungen dieses Getränks kennenzulernen. Drüber hinaus finden Sie in dem hübschen alten Ladenlokal eine feine Auswahl anderer hochwertiger Spirituosen.
Lübecker Str. 6, Eigelstein, https://koelner-rumkontor.de, U: Ebertplatz, Mi–Fr 13–19, Sa 11–16 Uhr

Schwarze Kamelle
Kuletsch E 3
Der Name ist Programm. Denn so sagt man in Köln zu Lakritz. Die Süßigkeit aus der Süßholzwurzel liegt im Trend. Olaf Dormann bietet im Kuletsch über 400 Produkte an, in einer Aromavielfalt, die bei Haribo, Katjes und Co. verloren gegangen ist. Mindestens 7 % Süßholzanteil sollte Lakritz haben. Zum Probieren lassen Sie sich am Besten eine gemischte Tüte zusammenstellen.
Thürmchenswall 4, Eigelstein, www.kuletsch.com, U: Ebertplatz, Mo–Fr 11–19, Sa 11–17 Uhr

Scharfe Früchtchen
Hennes' Finest Pfeffer-Boutique
Karte 2, B 5
Bei Hennes erfahren Sie nicht nur, wo der Pfeffer wächst, sondern auch wie er angebaut wird, und dass Pfeffer längst nicht gleich Pfeffer ist. Die Geschäftsgründer Sebastian, Bastian und Martin haben sich auf den exquisiten Kampot Pfeffer spezialisiert, der in geringer Menge im Süden Kambodschas kultiviert wird. Natürlich gibt es auch das passende exquisite Zubehör und ausgefallene Derivate wie Pfefferbier und Pfeffergin oder den Grilldip Tuk Meric.

STÖBERN

Über Floh-, Trödel- und Antikmärkte informieren die Tagespresse sowie www.rhein-antik.de, www.coelln-konzept.de oder www.flohmarkt-koeln.com.

Moltkestr. 125, Belgisches Viertel, www.hennesfinest.com, U: Friesenplatz, Mo–Fr 12–19, Sa 10–18 Uhr

FLOH- UND STRASSENMÄRKTE

Streetfood
Ökomarkt und meet & eat auf dem Rudolfplatz Karte 2, C 6
Auf dem Ökomarkt im Schatten der mittelalterlichen Hahnentorburg kann sich der Citybewohner zweimal wöchentlich mit Bio-Lebensmitteln direkt vom Erzeuger eindecken. Bei meet & eat am Donnerstag besteht zudem die Gelegenheit zu kosten. Ein geselliger Event, der in Köln gut ankommt.
Innenstadt, U: Rudolfplatz; Ökomarkt Mi 11–18, Sa 8–14 Uhr; Eat & Meet, www.meet-and-eat.koeln, Do 16–21 Uhr

Bazaratmosphäre
Wilhelmplatz D 1
Der Wochenmarkt im Herzen von Nippes ist der einzige in Köln, der täglich (außer So) stattfindet. Das Angebot ist kunterbunt, es reicht von Lebensmitteln über Klamotten bis zu Kurzwaren und diversen Ersatzteilen. Für Unterhaltung sorgen viel Lokalkolorit und ein bunter Nationalitätenmix.
Nippes, U: Florastr., Mo–Fr 7–13, Sa 7–14.30 Uhr

Klein und charmant
Flohmarkt Alte Feuerwache D 3
Einmal im Monat sonntags wird im hübschen Innenhof des Bürgerzentrums Alte Feuerwache getrödelt. Es sind kaum Profihändler anzutreffen, vielfach verkaufen Leute aus dem Veedel in entspannter Atmosphäre echte Secondhandware und Sammlerstücke.
Melchiorstr. 3, Agnesviertel, U: Ebertplatz, www.altefeuerwachekoeln.de, 10–17 Uhr

Der Klassiker
Trödel an der Galopprennbahn
außerhalb D 1
Den Flohmarkt auf dem Parkplatz an der Rennbahn gibt es schon seit über 30 Jahren. Ein Besuch lohnt auch wegen

des historischen Geländes und der parkähnlichen Umgebung.
Scheibenstr. 40, Weidenpesch, U: Scheibenstr., www.troedel-mit.de, Mi, Fr, Sa ab 7 Uhr

GESCHENKE, DESIGN, KURIOSES

Die guten Dinge
Manufactum Karte 2, D 5
Wie ein Schiffsbug schiebt sich das Dischhaus als markantes Beispiel sachlicher Architektur der 1920er-Jahre in die Straßenkreuzung. Bruno Paul akzentuierte den Bau durch horizontal durchlaufende Fenster- und Brüstungsbänder. Innen fasziniert eine dynamisch geschwungene Treppenspirale. Im Erdgeschoss präsentiert der Multistore Manufactum sein erlesenes Warensortiment: Möbel, Wohnaccessoires, Werkzeug für Haus und Garten, Küchenutensilien, Kosmetika und Lebensmittel.
Brückenstr. 23, im Dischhaus, Innenstadt, www.manufactum.de, U: Appellhofplatz/Breite Str., Mo–Sa 10–19 Uhr

Der Kölner Duft
Dufthaus 4711 Karte 2, D 5
Einen Blickfang bildet in der Glockengasse die weiße, neogotische Fassade des 4711-Hauses mit dem Glockenspiel. Jeweils zur vollen Stunde (9–19 Uhr) erklingt die Marseillaise, oder auch eine andere Melodie, und mechanisch umlaufende Figuren erinnern an den historischen Augenblick, als die weltberühmte Marke geboren wurde. Nicht nur das Parfum, auch das Stammhaus verdankt seinen Namen den Franzosen: 1796 nummerierten sie alle Häuser durch und kreierten dabei den Namen 4711. Am Brunnen im Verkaufsraum können Sie sich mit Echt Kölnisch Wasser erfrischen. Historische Führungen geben Einblick in die Firmengeschichte. Zudem werden Duftseminare und Duftmenüs angeboten.
Glockengasse 4, Innenstadt, www.4711.com, U: Appellhofplatz/Breite Str., Mo–Sa 11–17 Uhr

Knuffige Fernsehstars
Maus&Mehr Karte 2, D 5
In den markanten vielgliedrigen WDR-Arkaden hat Die Maus ihr Domizil. Neben dem superschlauen Nager, dem blauen Elefanten und der Ente treiben sich hier auch Biene Maja, Shaun das Schaf, Pittiplatsch, der kleine Maulwurf und das Sandmännchen herum. Das Sortiment reicht von Plüschtieren über Kleidung, Schreibwaren und Tassen bis zu Büchern und Spielen. Wenn Sie Ihr Budget schonen wollen, gehen Sie besser nicht mit jüngeren Kindern hinein.

Franta präsentiert ausgefallene Design-Objekte des 20. und 21. Jh.

Klarer Durchblick auf der Shoppingmeile

Breite Str. 6, in den WDR-Arkaden, Innenstadt, https://mausundmehr.com, U: Appellhofplatz/ Breite Str., Mo–Sa 10–18.30 Uhr

Ehrenstr. 18–26, Innenstadt, www.banyo.de, U: Neumarkt, Mo–Fr 12–18, Sa 11–19 Uhr

Für Profis und Amateure

Künstlerbedarf Dieter Bachmann Karte 2, C 5/6

Hier schlagen die Herzen aller Kreativen höher: Farben, Pinsel, Leinwände und Papiere stapeln sich bis unter die Decke. Dazu gibt es kompetente Beratung.

Große Brinkgasse 9, Innenstadt, www.kuenstlerbedarf-bachmann.de, U: Neumarkt oder Rudolfplatz, Mo–Fr 10–18.30, Sa 10–16 Uhr

Down under

Australia Shopping World Karte 2, B/C 5

Der kleine Laden ist vollgestopft mit Artikeln für den Aussie-Fan – von Spezialbier und Wein über die typischen Lederhüte und Känguru-Warnschilder bis hin zum Didgeridoo. Sogar ein Touristenvisum für Down under können Sie sich hier ausstellen lassen.

Limburger Str. 14, Belgisches Viertel, https://australiashopping.de, U: Friesenplatz, Mo–Fr 11–19, Sa 11–16 Uhr

Nostalgische Raumkunst

Franta Karte 2, B 5

Mit farbenfrohen Einrichtungsgegenständen, nostalgischen Haushaltsgeräten, Jukeboxen, historischen Reklametafeln und bunten Neonschildern beschwört Franta den Charme vergangener Zeiten. Neben Industriedesign wie Zapfsäulen finden Sie auch kleine skurrile Objekte. Eine Fundgrube für Design-Freaks!

Maastrichter Str. 18, Belgisches Viertel, www.franta.de, U: Rudolfplatz, unregelmäßige Zeiten

Papier und mehr

Papelito Karte 2, B 7

Freunde von hochwertigen Papieren und Karten, edlen Stiften und ausgefallenen kleinen Geschenkartikeln werden diesen Laden sofort ins Herz schließen und hier sicher längere Zeit mit Stöbern und Aussuchen verbringen.

Zülpicher Str. 22, Univiertel, www.papelito-koeln.de, U: Zülpicher Pl., Mo–Fr 12–20, Sa 12–17 Uhr

Deko aller Art

Balloni außerhalb A 4

Sie wollen Ihr Zuhause neu dekorieren, ein Fest veranstalten oder suchen

einfach nur ein originelles Geschenk? In der ehemaligen Backstein-Fabrikhalle gibt es jede Menge Inspiration und dazu Ballons in großer Auswahl.
Ehrenfeldgürtel 88–94, Ehrenfeld, https://balloni.de/, U: Venloer Str./Gürtel, Mo–Fr 9.30–19, Sa 9.30–17 Uhr

Unter Denkmalschutz

Design Post H 5
In den beeindruckenden Posthallen von 1913 entstand eine Flaniermeile für Design-Liebhaber. Hier können Sie sich über aktuelle Einrichtungstrends informieren. Der Weg nach Deutz lohnt sich!
Deutz-Mülheimer-Str. 22 a, Deutz, www.designpostkoeln.de, U: Koelnmesse, Mi–Fr 10–18, Sa 10–16 Uhr

MODE, ACCESSOIRES

Schick behütet

cappelleria Karte 2, D 6
Beate Rettich bezieht ihre Hutkollektion aus den Ateliers europäischer Designer. Alle Kopfbedeckungen werden individuell angefertigt. Schick behütet zu sein, hat allerdings seinen Preis!
Richmodstr. 7, Innenstadt, https://cappelleria.eu, U: Neumarkt, Mo–Fr 10–19, Sa 10–18 Uhr

Der Outdoor-Spezialist

Globetrotter Karte 2, D 5
Hinter der denkmalgeschützten Fassade des Olivandenhofs können Sie auf mehreren Etagen ihr Outfit für den Aufenthalt in der Natur zusammenstellen und in der Kältekammer oder im Kanubecken sofort auf Tauglichkeit überprüfen.
Richmodstr. 10, Innenstadt, www.globetrotter.de, U: Neumarkt, Mo–Sa 10–19 Uhr

Extravagantes Beinkleid

Carlo Jösch Couturier Karte 2, D 5
Der Modedesigner fertigt hochwertige Mäntel, Anzüge, Jacketts, Kleider nach Maß – seine Leidenschaft aber gilt dem Schottenrock. Mit etwa 700 € ist das Kunstwerk in Karos allerdings nicht ganz billig. Prominente Träger des Kilts made in Cologne sind übrigens Musiker der Gruppe Brings.
Mohrenstr. 12, Friesenviertel, T 0221 170 68 21, http://carlo-joesch.de, U: Appellhofplatz/Zeughaus, Mo–Fr 11–14, 16–19.30, Sa 11–16 Uhr

Feinstes aus Leder

Hack Karte 2, B 5
Christoph Hack wählt für die Fertigung seiner exklusiven Maßkleidung hochwertige Leder von Rind und Wild, aber auch von Ross und Känguruh. Für den unvergleichlichen Tragekomfort des Hirschleders sorgt ein besonderes Gerbverfahren, die sogenannte Altsämischgerbung.
Maastrichter Str. 22, Belgisches Viertel, www.lederware.de, U: Rudolfplatz, Mo–Fr 11–13.30, 14–19, Sa 11–16 Uhr

Von wegen Jute-Chic

Green Guerillas Karte 2, B 6 und E 9
Bei der Eröffnung 2011 war der Erfolg des Ladens nicht selbstverständlich. Nachhaltiger, fairer Mode haftete seinerzeit noch das Image des Jutesacks an. Die Street- und Officewear für Frauen und Männer von inzwischen rund 25 Labels mit ökologischem und sozialem Bewusstsein aus Deutschland und Europa konnte aber überzeugen. So öffnete bereits kurze Zeit später eine Filiale in der Südstadt.
Roonstr. 82–84, Univiertel, U: Rudolfplatz/ Merowinger Str. 6, U: Chlodwigplatz, https://green-guerillas.de, Mo–Fr 11–19, Sa 10–18 Uhr

Vintage-Klamotten nach Maß

Polyestershock außerhalb A 4
Second Hand klingt muffig, die Vintage-Klamotten in diesem Store haben hingegen große Klasse. Nachhaltig sind sie obendrein. Jedes Kleidungsstück ist ein hochwertiges Unikat aus vergangenen Kollektionen großer Modemarken, ob gepunkteter Zweiteiler aus den 1950er oder Wickelrock aus den 1990er. Bei Bedarf passt Modedesignerin Anna Krus das neue Lieblingsstück individuell für Sie an. Nehmen Sie sich noch ein wenig Zeit, durch die Nebenstraßen der Venloer zu bummeln. Vor allem die **Körnerstraße** hat sich zur Kreativmeile mit buntem Laden-und Gastro-Mix gemausert.
Geisselstr. 14 und 29, Ehrenfeld, U: Körnerstr., https://polyestershock.de, Di–Fr 12–19, Sa 11–18 Uhr

»Wenn et Trömmelche jeht, ...«

...weiß die Mundartband De Räuber, dann sind die Kölner Jecken nicht mehr zu halten. Aber auch außerhalb der Karnevalssession verspüren Einheimische und Imis, so heißen die Wahl-Kölner, einen ungeheuren Drang zur Kommunikation und zum geselligen Beisammensein. Ein Grund zu feiern ist schnell gefunden. Couch Potatoes sind in Köln eine eher seltene Spezies.

Wichtigste Anlaufstelle für ein leckeres Kölsch, am liebsten frisch gezapft vom Fass, und Börse für den neuesten Tratsch aus der Nachbarschaft ist immer noch die *Weetschaff op d'r Eck*. Kennzeichen dieser kölschen Institution sind eine lange Theke, Tische und Stühle aus Holz, Fenster mit farbigem Glas und vom Zigarettenqualm vergilbte Wände. Rauchen ist heute aber auch hier tabu.

In den Szenevierteln sind die urigen Eckkneipen allerdings auf dem Rückzug. Hier herrscht ein cooler, bisweilen trashiger Look vor. Kölsch ist out, Craft Beer, Gin und Cocktails sind angesagt. Und aus den Boxen dröhnt alles, nur keine kölschen Töne. Sehen und Gesehen-werden ist oberstes Gebot.

Zum Wandel der Kneipenlandschaft tragen nicht zuletzt die insgesamt über 100 000 Studierenden bei. Akzente setzt zudem die zweitgrößte Gay Community nach San Francisco. Ein buntes Angebot für Nachtschwärmer, das sich permanent neu erfindet, ist da selbstverständlich.

ZUM SELBST ENTDECKEN

Natürlich herrscht in der **Altstadt** jederzeit Trubel, aber die Einheimischen bevorzugen andere Stadtteile oder bleiben gleich in ihrem *Veedel*. Die **Ringe** zwischen Barbarossaplatz und Christophstraße gelten als Kölns Ausgehmeile schlechthin mit Clubs und Discos, die alle Musikstile bedienen. Die Szene tummelt sich im **Friesenviertel** und im **Belgischen Viertel.** Auch **Severinsviertel** bzw. **Südstadt** laden mit Lokalen an nahezu jeder Ecke zum nächtlichen Streifzug ein. In **Ehrenfeld, Deutz** und **Mülheim** haben sich in ehemaligen Industriearealen attraktive Clubs und Veranstaltungshallen etabliert, die den Weg allemal lohnen. Auf der **›Zülpi‹** (Zülpicher Straße) bei der Uni sorgen sehr junge Feierwütige immer wieder für chaotische Zustände. Darunter leidet das gesamte **Kwartier Latäng.**

Odonien – Abfeiern auf dem Schrottplatz

BARS UND KNEIPEN

Allrounder

Zum Scheuen Reh Karte 2, B 4
Die angesagte Bar im Bahnhofsgewölbe unterhält auf vielfältige Weise mit Lesungen, Konzerten, Kurzfilmen, Debatten Partys. Die Terrasse vor dem Lokal ist nicht nur bei Fußballübertragungen gut besucht. Samstags und sonntags serviert hier das Büdchen Kaffee und Belgische Waffeln. Die vorbeirauschenden Züge liefern den urbanen Soundtrack.

Hans-Böckler-Platz 2, Belgisches Viertel, T 0221 58 97 92 03, http://zum-scheuen-reh.de, Mo–Mi 17–1.30, Do–Sa 17–4 Uhr; Büdchen Sa, So ab 14 Uhr

Aus dem Kräutergarten

Spirits Karte 2, B 6
Über der wuchtigen Theke reflektiert ein Spiegel die hochwertigen und hochprozentigen Spirituosen. Daraus zaubern der u.a. vom »Falstaff Magazin« geadelte Dominique Simon und sein Barteam vorzügliche Drinks, denen Kräuter und auch frisches Gemüse einen ganz besonderen Pepp geben. Im Hintergrund läuft Musik mit gutem Groove, am Wochenende legt ein DJ auf.

Engelbertstr. 63, Univiertel, T 0221 20 53 80 44, https://spiritsbar.de, U: Rudolfplatz, Mo–Do 18–1, Fr, Sa 18–3 Uhr

Nobel

Rosebud Bar Karte 2, B 7
Sie ist nicht sehr groß, aber der »Playboy« wählte sie einmal zur schönsten Bar Deutschlands. Auch wenn dies bereits einige Jahre zurückliegt, so zeigt sich das Ambiente mit edlen Hölzern, schummrigem rotem Licht und Kerzenschein modern-stilvoll wie eh und je. Die professionell gemixten Cocktails sind von konstant exzellenter Qualität und dabei nicht zu teuer. Chillige Hintergrundmusik trägt zur Tiefenentspannung bei.

Heinsbergstr. 20, Univiertel, T 0221 240 14 55, www.rosebudbar.de, U: Zülpicher Platz, Mo–Do 21–2, Fr, Sa 21–3 Uhr

Kneipentheater

Filmdose Karte 2, B 7
Das Urgestein der Kneipenszene im sogenannten Bermudadreieck zwischen Zülpicher-, Kyffhäuser- und Roonstraße ist für manchen im Univiertel ein zweites Zuhause, selbst wenn er dem Studentenalter schon längst entwachsen ist. Die lässige Atmosphäre und moderate Preise tragen dazu bei, ebenso wie die Außentische in strategisch günstiger Lage. Ralf Morgenstern, Dirk Bach und Hella von Sinnen sowie Wally Bockmayer, der Verfasser schriller Klamaukstücke, starteten hier ihre Karriere. Auf der kleinen Bühne wird auch heute noch Theater gespielt.

Zülpicher Str. 39, Univiertel, T 0221 23 96 43, www.filmdose-koeln.de, U/S: Dasselstr, Mo–Fr 12–1, Sa 10–1, So 10–24 Uhr (unter Vorbehalt)

Südstadtgewächs

Schnörres E 8
Name und Markenzeichen der Bar ist zwar ein Schnauzbart, aber er ist kein Zugangskriterium. Im trendigen Schankraum

VERANSTALTUNGSHINWEISE UND TICKETS

Über **Veranstaltungen** aller Art informieren Stadtmagazine und Tageszeitung – auch tagesaktuell unter www.koelner.de und www.stadtrevue.de. Das **Bühnenprogramm** inklusive Kritiken hält www.qultor.de bereit, die besten Infos zum **Kinoprogramm** www.kino.de (Stichwort: Köln). Liebhaber **klassischer Musik** finden alle Veranstalter unter www.klassik-koeln.de.
Eintrittskarten für mehr als 5000 Happenings pro Jahr bieten **Köln Ticket** (www.koelnticket.de, Ticket Hotline T 0221 28 01, Mo–Fr 8–20, Sa 9–18, So 10–16 Uhr; Vorverkaufsstellen s. Website).

In jedem Brauhaus, das auf sich hält, wird das Kölsch frisch vom Fass gezapft.

fließt nicht nur Bier vom Fass. Es gibt auch ausgezeichnete Drinks und Weine sowie eine interessante Auswahl an Whisky und Gin. Für Unterhaltung sorgen vielfältige kulturelle Veranstaltungen.
Dreikönigenstr. 2, Severinsviertel, T 0221 16 89 51 79,http://schnoerres.de, U: Chlodwigplatz, Di–Do 18–1, Fr, Sa 18–3.30 Uhr

Hommage an die Eckkneipe

Suderman ✪ D 3

Dunkle Farbtöne, bequeme Ledermöbel, eine schöne Holztheke und ein tolles DJ-Programm sorgen für ungezwungenes Verweilen. Auch die Menschen aus dem *Veedel* lieben den Club. Neben Kölsch, internationalen Flaschenbieren und Wein wird auch immer ein Spezialbier ausgeschenkt. Ausgefallene Cocktails runden das Angebot ab. Das sympathische Personal ist flink und sachkundig.
Sudermanplatz 3, Agnesviertel, T 0221 96 26 55 06, https://sudermanbar.de, U: Ebertplatz, Mi, Do 18–1, Fr, Sa 18–2 Uhr

Chillen in Rot

Königsblut ✪ außerhalb A 4

Das kleine Lokal ist komplett in schummrig-rotes Licht getaucht und die Deko kommt indisch exotisch daher. Polstermöbel und chillige Musik laden dazu ein, es sich mit einem Kölsch oder Drink gemütlich zu machen. Gin Tonic gibt es in vielen Variationen. Ein Sommertraum für Stadtbewohner sind die Außenplätze im lauschigen Hinterhof.
Thebäerstr. 8, Ehrenfeld, T 01512 306 26 63, bei Facebook, U: Körnerstr., Mo–Do 20–2, Fr, Sa 20–4 Uhr

BRAUHÄUSER

Treffpunkt am Feierabend

Brauhaus Pütz ✪ Karte 2, B 6

Der große, aber verwinkelte Gastraum und die Schwemme in Backsteinoptik sind einfach urig, auch wenn das Brauhaus nicht zu den alteingesessenen Adressen zählt. Aus dem Zapfhahn fließt Mühlen-Kölsch, das von den Köbessen immer zügig serviert wird.
Engelbertstr. 67, Belgisches Viertel, T 0221 21 11 66, https://brauhauspuetz.de, U: Rudolfplatz, Di–Fr 16–24, Sa 13–24, So 13–23 Uhr

Wunderbar altertümlich

Haus Töller ✪ Karte 2, C 7

Die Traditionsschänke ist seit einiger Zeit der absolute Renner. Auch junges Publikum kehrt gerne ein und entdeckt seine Vorliebe für kölsche Brauhauskultur, drangvolle Enge an blankgescheuerten Tischen und vorlaute Köbesse (hier auch weibliche) inbegriffen. Selbst die piefige hölzerne Kasettendecke gehört unbedingt zum stimmigen Bild. Zur Beliebtheit tragen auch Päffgen-Kölsch und respektable kölsche Küche bei. Nur der Ort, um das Kölsch wieder zu entsorgen, ist unzureichend – je später der Abend, je länger die Schlange, zumindest vor der Tür mit dem ›D‹.
Weyerstr. 96, Innenstadt, T 0221 258 93 16, https://haus-toeller.de, U: Barbarossaplatz, Mo–Sa 17–24 Uhr

Klein und schnell voll

Max Stark ✪ E 3

In der Brauhauskneipe nahe der Musikhochschule bleibt die Stammkundschaft meist unter sich. Aber auch

ohne ›Kölsch-Touristen‹ aus anderen Stadtteilen ist der erstaunlich kleine Schankraum bereits früh am Abend rappelvoll. Der *Zappes* kommt dann mit dem Päffgen-Kölsch kaum noch nach. Schluss ist hier üblicherweise, wenn das Fass leer ist und es nicht mehr lohnt, ein neues anzuschlagen.
Unter Kahlenhausen 47, Altstadt Nord, T 0221 200 56 33, www.max-stark.de, U: Ebertplatz, tgl. ab 11 Uhr

Weitere Adressen ► S. 34, 93, 94

LIVEMUSIK

Renommiert

Stadtgarten/JAKI Karte 2, B 5

Der Stadtgarten ist seit vielen Jahren eine internationale Institution in Sachen Musik. Sein Saal ist bei den Konzerten fast immer ausgebucht. Das Programm bietet die neuesten Trends des Jazz sowie aktuelle europäische Improvisationsmusik. Außerdem ist ambitionierte Rock- und Popmusik zu hören. Der Kellerclub **JAKI** gibt Nu und Jazz, der Avantgarde-Musik sowie der Elektronikszene, die in Köln ohnehin ihre heimliche Hauptstadt gefunden hat, Möglichkeiten sich frei zu entfalten. Beliebt sind auch die Partys (meist Fr, Sa) im Stadtgarten mit Funk, Soul, House, Techno oder Drum 'n' Bass.
Venloer Str. 40, Belgisches Viertel, T 0221 95 29 94-0, www.stadtgarten.de, U/S: Hans-Böckler-Platz, Öffnungszeiten Restaurant und Open-Air-Gastronomie sowie Programm s. Website

Mit Glanz und ...

Gloria Karte 2, C 6

An die Anfänge des Glorias als Premierenkino in den 1950er-Jahren erinnern die großen Schaukästen am Eingang und das original erhaltene Kassenhäuschen. Das ehemalige Kinofoyer dient schon lange als Café, in dem tagsüber City-Besucher gerne eine Rast einlegen. Der alte Vorführsaal gilt unterdessen als eine der prominentesten Event-Locations in Köln und macht vor allem mit seinem Comedy- und Literaturprogramm von sich reden. Oft zeichnet das Fernsehen hier auf. Auf der Bühne treten außerdem nationale und internationale Größen der Musikszene auf. Vor der Bühne in der 200 m² großen Halle wurden vor der Corona-Pandemie regelmäßig Partys gefeiert.
Apostelnstr. 11, Innenstadt, T 0221 66 06 30, https://gloria.koeln, U: Neumarkt, Café Mo–Sa 12–18 Uhr (unter Vorbehalt)

Filmreif

Blue Shell Karte 2, C 7

Mit ihrem coolen Look hat die kultige Eckkneipe bereits in so manchem Kino- oder Fernsehfilm als Kulisse gedient. Stammgäste trinken im surrealistischen Neonblau an der Theke ein Bier oder spielen eine Partie Billard. Von Sonntag bis Donnerstag legen DJs ab 23 Uhr ausgefallenen Barsound auf. Vor allem aber unterhalten regelmäßig Live-Acts mit unterschiedlichsten Musikstilen – von Rock und Punk über Singer-Songwriter bis zu Folk – und mit Poetry Slam.
Luxemburger Str. 32, Univiertel, T 0163 619 51 38, www.blue-shell.de, U: Barbarossaplatz, tgl. 21–5 Uhr (unter Vorbehalt)

Feste Größe

Luxor Karte 2, C 7

Der legendäre Club ist nach wie vor eine der wichtigsten Player im Kölner Musikbusiness. Kaum eine Rock-, Pop- oder Indiegröße, die hier nicht schon aufgetreten ist. Mehrmals wöchentlich finden Livekonzerte statt, und fast immer ist es proppenvoll. Bei den Mottopartys, meist am Freitag und Samstag, tanzen bis zu 500 Gäste zu Rock, Pop, Indie, Electro und House.
Luxemburger Str. 40, Univiertel, T 0221 92 44 60, www.luxor-koeln.de, U: Barbarossaplatz, Konzerte Einlass 19 Uhr, Partys ab 23 Uhr

Im Ehrenfelder ›Bermudadreieck‹

Bumann & Sohn außerhalb A 3

Lassen Sie sich von dem schäbigen Äußeren nicht irreleiten. Innen präsentiert sich die ehemalige Werkstatt als kultige Bar und Konzertlocation. In den Wochenendnächten wird auch getanzt. Der

… Pech und Pannen begleiten die Sanierung des **Kölner Opern- und Schauspielhauses** (www.buehnenkoeln.de). Schon längst sollten die Häuser am Offenbachplatz wieder eröffnet sein, inzwischen wird 2024/25 angestrebt. Die Oper hat im **Staatenhaus** (🕮 G 4) in der Messe ihr Interimsquartier bezogen. Das Schauspiel hat seine provisorische Spielstätte im **Carlswerk** (🕮 außerhalb H 3) in Köln-Mülheim so lieb gewonnen, dass es hier dauerhaft ein zweites Haus einrichten möchte.

Biergarten verwandelt sich im Winter in einen gemütlichen Weihnachtsmarkt.
Bartholomäus-Schink-Str. 2, Ehrenfeld, T 0221 69 05 39 01, www.bumannundsohn.de, U: Venloer Str./Gürtel, tgl. ab 19 Uhr, Biergarten tgl. ab 17 Uhr bei gutem Wetter

Avantgarde
Loft ✪ A 3
Die ehemalige Fabriketage wurde 1989 in einen Konzertsaal mit exzellenter Akustik verwandelt. Musiker aus In- und Ausland schätzen die besondere Atmosphäre. Vor allem Avantgarde-Jazz und improvisierte Neue Musik stehen auf dem Programm.
Wissmannstr. 30, Ehrenfeld, T 0221 67 77 09 95, www.loftkoeln.de, U: Venloer Str./Gürtel, Konzerte ab 20.30 Uhr

Hippe Location
Artheater ✪ außerhalb A 3
Der unscheinbare Flachbau nahe der Bahnunterführung lässt nicht ahnen, dass es sich um einen der Hotspots im Ehrenfelder Nachtleben handelt. Zu den Partys am Wochenende pilgern junge Nachtschwärmer aus ganz Köln hierher, um ordentlich abzufeiern. Es ist aber auch ein Ort für Kunst, Theater und Musik. Bei Jazz-O-Rama am Dienstag (21.30 Uhr) sind klassische und moderne Jamsessions zu hören.
Ehrenfeldgürtel 127, Ehrenfeld, T 0221 550 99 60, https://artheater.de, U: Venloer Str./Gürtel

Total schräg
Odonien ✪ C 2
Kölns verrückteste Off-Location ist der von Bildhauer Odo Rumpf gegründete ›Freistaat‹ im Niemandsland zwischen Bahngleisen und Europas größtem Bordell. Rumpfs Metallskulpturen, die das Gelände und die Werkshallen ›bevölkern‹, erzeugen eine surreale Szenerie aus Schrottplatzambiente und »Terminator«-Kulisse. Die Partys sind vielfältig, die Veranstaltungen reichen von Konzerten über Kunsthappenings bis zu Open-Air-Kino. Die Fans scheuen weder den langen Weg, noch die Riesenschlange am Eingang.
Hornstr. 85, Ehrenfeld, T 0221 972 70 09, www.odonien.de, S: Nippes, Programm s. Website, Biergarten wetterabhängig Mai–Sept. Do–Sa ab 17, So ab 15 Uhr

Allroundhalle
E-Werk ✪ außerhalb H 3
Der denkmalgeschützte Backsteinbau des ehemaligen Elektrizitätswerks in Mülheim bietet über 3000 Gästen Platz. Es finden zahlreiche Livekonzerte und Kabarettveranstaltungen statt. Während der Karnevalssession sorgt die Stunksitzung immer für ein volles Haus.
Schanzenstr. 37, Mülheim, www.e-werk-cologne.com, U: Wiener Platz (weiter Bus 151/152/153 bis Keupstr.)

TANZEN

Wohlfühlspot
Tsunami Club ✪ E 8
Die Musikadresse in der Südstadt hat sich auf Indie-Rock kapriziert und spricht damit vor allem Leute zwischen 30 und 40 an. Freitag- und Samstagnacht (23–5 Uhr) wird in entspannter Atmosphäre gefeiert. Bei Livekonzerten spielen Bands aus ganz Europa.
Im Ferkulum 9, Südstadt, T 0221 95 49 14 99, https://tsunami-club.de, U: Chlodwigplatz

Feiern unter Bahngleisen

Club Bahnhof Ehrenfeld/YUCA Club außerhalb A 4
Im begehrten Stadtteil Ehrenfeld hat sich der CBE samt angeschlossenem YUCA Club als *die* Spielstätte urbaner Subkultur etabliert. In drei Bögen unter dem Ehrenfelder Bahnhof gibt es Partys, Konzerte, Poetry Slam Sessions und Stand-up Comedy, dazu eine Lounge mit gemütlichen Sofas und vor dem Eingang eine selbstgezimmerte Biergarten-Terrasse.

Bartholomäus-Schink-Str. 65–67, Ehrenfeld, T 0221 29 19 95 30, http://cbe-cologne.de, U: Venloer Str./Gürtel

In der ehemaligen Fabrik

Live Music Hall außerhalb A 4
In der großen Halle (1500 Gäste) fordern seit Jahren freitags und samstags nachts (ab 22/23 Uhr) Partys und Specials zum Abtanzen auf. Dabei heizt Dance Music vom Rock der 80er & 90er bis zu Hip-Hop ein. Bei Livekonzerten – ob von bekannten Bands oder Newcomern – ist Rock, Pop, R'n'B oder Alternative zu hören.

Lichtstr. 30, Ehrenfeld, T 0221 954 29 90, www.livemusichall.de, U: Venloer Str./Gürtel

Ü30 und älter

Kantine/Yard Club außerhalb D 1
Als die ehemalige Kantine des Ausbesserungswerks der Bahn in Nippes einer Neubausiedlung weichen musste, bezog die dort beheimatete Diskothek zwar eine neue Location, aber der alte Name blieb. Die Veranstaltungen sprechen mit einem guten Musikmix aus alten und neuen Hits Tanzfreudige ab 30 an. Im Sommer wird bei schönem Wetter auf dem Freideck getanzt. Zu den Konzerten, die oft im benachbarten Yard Club spielen, findet sich ein gemischtes Publikum ein.

Neusser Landstr. 2/Ecke Militärring, Niehl, T 0221 167 91 60, https://kantine.com, U: Wilhelm-Sollmann-Str.

Techno am Hafen

Bootshaus H 3
Die Halle auf dem ehemaligen Kölner Werftgelände bietet Anhängern der elektronischen Musik auf drei Areas Raum zum Feiern, Tanzen und Ausrasten. Der Schwerpunkt liegt dabei auf Techno, Electro House und Trap.

Auenweg 173, Deutz, T 0221 28 06 46 30, www.bootshaus.tv, U: Deutz/Messe oder Deutz/Messeplatz, weiter mit Bus 150 bis Endhaltestelle Thermalbad

Bei dieser Auswahl behält nur der Profi den Überblick.

Hin & weg

ANKUNFT

Mit der Bahn

Der **Kölner Hauptbahnhof** (🗺 E 4/5) liegt touristenfreundlich mitten in der Stadt unmittelbar neben dem Dom. Der **Bahnhof Köln Messe/Deutz** (🗺 G 5) im Rechtsrheinischen gewinnt als zweiter innerstädtischer ICE-Terminal zunehmend an Bedeutung. Fahrpläne, Reservierung und Buchung unter www.bahn.de.

Mit dem Bus

Mehrere Fernbuslinien steuern Köln an. Angebote u. a. unter www.fernbusse.de. Der **Fernbusbahnhof** befindet sich am Flughafen Köln Bonn neben dem Terminal 2 (🗺 Karte 3). Der **regionale Busverkehr** wird auf dem Breslauer Platz (🗺 E 4/5), unmittelbar nördlich vom Hauptbahnhof, abgewickelt.

Mit dem Auto

Die Stadt wird von einem mehrspurigen Autobahnring umschlossen, auf dem Tempo 100 km/h gilt. Wegen des hohen Verkehrsaufkommens, sanierungsbedürftiger Brücken und vieler Baustellen kommt es regelmäßig zu Staus. Achtung! Das Gebiet innerhalb des Autobahnrings wurde zur Umweltzone deklariert und darf nur von Fahrzeugen mit grüner Feinstaubplakette befahren werden. Große Park & Ride-Plätze am Stadtrand ermöglichen den Umstieg vom Auto auf die Bahn. Wer ins Zentrum fährt, sollte dem elektronischen Verkehrsleitsystem folgen und eines der über 30 Parkhäuser ansteuern. Am besten aber reisen Sie mit öffentlichen Verkehrsmitteln an.

Mit dem Flugzeug

Der **Köln Bonn Airport – CGN** (🗺 Karte 3; www.koeln-bonn-airport.de) ist ein zentrales Drehkreuz der Low-Cost-Carrier. Der Flughafen befindet sich knapp 20 km südöstlich des Zentrums an der A 59 und der ICE-Strecke Köln–Frankfurt. Rund um die Uhr verkehren S-Bahnen und Regionalzüge zwischen Flughafen, Messe Deutz und Hauptbahnhof, Fahrzeit ca. 15 Min. Die Taxifahrt in die Innenstadt dauert mind. 15 Min. und kostet knapp 50 €. Der **Flughafen Düsseldorf** (www.dus.com) liegt eine knappe Bahnstunde von Köln entfernt.

INFORMATIONEN

KölnTourismus: 🗺 Karte 2, E 5
Kardinal-Höffner-Platz 1, 50667 Köln, T 0221 346 43-0, info@koelntourismus.de, Mo–Sa 9–20, So 10–17 Uhr.

Stadtmagazine

Kölner Illustrierte und StadtRevue veröffentlichen in ihren monatlich erscheinenden gedruckten oder auch elektronischen Ausgaben einen umfassenden Veranstaltungskalender. Neben Gastronomie- und Szenetipps gibt es

KÖLNCARD

Das Ticket im Scheckkartenformat berechtigt zur freien Fahrt mit Bus und Bahn im Stadtgebiet Köln. Darüber hinaus bietet es zahlreiche Vergünstigungen, z. B. in Museen, Kultur- und Freizeiteinrichtungen, beim Sightseeing und Shopping. Genaue Informationen und eine Liste der Kooperationspartner findet sich auf www.koelntourismus.de unter dem pinken Button ›Buchen‹. Erhältlich ist die KölnCard online oder vor Ort bei KölnTourismus, in Kölner Hotels sowie in den Kundenzentren und den stationären Fahrkartenautomaten der Kölner Verkehrs-Betriebe (KVB). Bestell-Hotline T 0221 346 43-0. Einzelticket 24 Std. 9 €, 48 Std. 18 €; Gruppenticket für 3–5 Personen 24 Std. 19 €, 48 Std. 38 €.

auch redaktionelle Beiträge zu Kultur, Sport, Sozialem und Wirtschaft. Im Internet informieren sie unter www.koelner.de und www.stadtrevue.de. Freizeittipps hält auch der Kölner Stadt-Anzeigers bereit – gedruckt oder online unter www.ksta.de.

Im Internet
www.koeln.de: Das offizielle Stadtportal ist ein Spiegel aller Aspekte des Kölner Stadtlebens. Es beinhaltet u. a. aktuelle Nachrichten, Wetter- und Verkehrsinformationen, Basiswissen zu den Sehenswürdigkeiten und Museen, Hotel-, Gastro- und Shopping-Guide, Sport-, Kultur- und Szenetipps mit aktuellem Terminkalender, ein Branchenverzeichnis sowie einen interaktiven Stadtplan und einen Fahrplan. Quicklinks führen zu den Hauptsehenswürdigkeiten und Veranstaltungsorten, zu Flughafen und Hauptbahnhof sowie zu KölnTourismus und Kölnmesse.
www.koelntourismus.de: Die Website des Fremdenverkehrsamtes bietet neben Infos zum Downloaden und einem Online-Souvenirshop vielfältige Serviceangebote. Dazu zählen Eventkalender inkl. Ticketshop, Gastro-Guide, Tipps für Sport und Freizeit, Hotelzimmerreservierung oder Reservierung von Stadtführungen. Der Newsroom führt u. a. zum Blog #visitkoeln mit aktuellen Bild- und Textbeiträgen-

REISEN MIT HANDICAP

Menschen mit Einschränkungen finden auf der Serviceseite von www.koelntourismus.de unter dem Stichwort ›Barrierefreiheit‹ spezielle Informationen und Angebote. Links führen zur »Wheelmap« oder zum Download der Broschüre »Köln Barrierefrei«. Die Website bietet zudem eine Vorlesefunktion. Die inklusiven Stadtführungen von **köln einfach,** ermöglichen es, dass Menschen mit und ohne Behinderung gemeinsam Köln erleben können (Infos und Buchung unter https://koelneinfach.de).

Mit dem Segway Köln erkunden

SICHERHEIT UND NOTFÄLLE

Ähnlich wie in anderen Großstädten stellen Taschendiebstähle für Touristen das größte Sicherheitsrisiko dar. Vor allem im Gedränge auf Einkaufsstraßen, Märkten und Festen ist ein wachsames Auge geboten. Große Sorgen bereitet Polizei und Ordnungsamt zuletzt das Aggressionspotenzial einiger jüngerer Besucher auf bestimmten Partymeilen. Daher werden in der Innenstadt, etwa auf dem Hohenzollernring und der Zülpicher Straße, an Wochenenden sogenannte Waffenverbotszonen eingerichtet.

Allgemeiner Notruf: T 112
Polizei: T 110
Allgemeinärztlicher Bereitschaftsdienst: T 116 117
Zahnärztlicher Notdienst: T 01805 98 67 00 (14 Ct./Min.)
Apotheken-Notdienst: T 0800 002 28 33, Mobil T 228 33 (69 Ct./Min.)
ADAC-Pannenhilfe: T 01802 22 22 22 (6 Ct./Anruf), Mobil T 22 22 22
Kreditkarten Sperr-Notruf: T 116 116, www.sperr-notruf.de
Fundbüro: Online-Suche und weitere Hinweise unter www.stadt-koeln.de/leben-in-koeln/fundbuero
Österreichische Botschaft: Berlin, T 030 20 28 70, berlin-ob@bmeia.gv.at
Schweizerische Botschaft: Berlin, T 030 390 40 00, berlin@eda.admin.ch

UMWELTFREUNDLICH UNTERWEGS

Kölner Verkehrsbetriebe (KVB)
Busse und Bahnen verkehren werktags zwischen 4 und 2 Uhr, an Wochenenden und vor Feiertagen durchgehend (ab Mitternacht allerdings nur im Stundentakt). Fahrtinfos erhalten Sie unter T 0800 350 40 30, im Internet unter www.kvb.koeln oder per KVB-App. Fahrscheine gibt es an den Fahrkartenautomaten in allen U-Bahnhöfen, an den größeren Straßenbahn- und Bushaltestellen, in den Bahnen und in ausgewiesenen Kiosken. Mit der KVB-App oder der VRS-App kann man das HandyTicket nutzen. Die Kurzstrecke (2,50 €) gilt für Fahrten bis zu vier Stationen, ab fünf Stationen innerhalb Kölns benötigt man das CityTicket 1b (3,50 €). 24StundenTickets sind ggf. günstiger.

Taxi-Ruf Köln
T 0221 28 82, taxi.eu-App, www.taxiruf.de. Taxis warten am Hauptbahnhof und an den zentralen Stadtplätzen. Der Grundpreis beträgt 4,90 €, dazu addiert sich ein Kilometerpreis von 2,60 € (1–7 km) bzw. 2,20 € (ab 8 km) sowie für Wartezeiten 0,50 €/Min.

Fahr Rad!
Leihräder: Einmal bei Call a Bike (www.callabike.de) oder bei KVB-Rad (www.kvb-rad.de) bzw. deren Kooperationspartner Nextbike (www.nextbike.de) registriert, kann man überall in Köln aufs Rad umsteigen. Mit der jeweiligen App findet sich das nächste freie Leihrad im Handumdrehen.
Radstation Köln: 🗺 Karte 2, E 5, Breslauer Platz, links vom Bahnhofseingang, T 0221 139 71 90, www.radstationkoeln.de, Mo–Fr 5.30–22.30, Sa 6.30–20 Uhr. Radverleih, 900 bewachte Stellplätze, Reparatur und Reinigung. In der Saison öffnet die **Radstation am Rheinufer** (🗺 Karte 2, E 6, Markmannsgasse, T 0171 629 87 96, April–Okt. tgl. 10–18 Uhr), die tgl. um 13.30 Uhr eine geführte dreistündige Velotour anbietet (26 €/Person).

SCHIFFSTOUREN

Die Schiffe verkehren in der Regel täglich von Ostern bis Okt. sowie unregelmäßig an den Wochenenden von Oktober bis Mitte Dezember.
Dampfschiffahrt Colonia: 🗺 Karte 2, F 5, Hohenzollernbrücke, T 0221 257 42 25, www.dampfschiffahrt-colonia.de. Ab 10 Uhr mehrmals einstündige Panoramafahrten zwischen Rheinauhafen, Zoo und Mülheim.
Köln-Düsseldorfer Deutsche Rheinschiffahrt (KD): 🗺 Karte 2, F 5/6,

Auf Inlinern rund um die Lanxess Arena

Frankenwerft 35, Rheingarten, T 0221 208 83 18, www.k-d.com/de. Einstündige Panoramafahrten tgl. ab 10.30 Uhr; Abendfahrten Sa 19.30–23.30 Uhr mit Buffet, Getränken und Musik; 1. und 3. So im Monat Brunchfahrten; Mai–Sept. Tagesfahrten nach Zons und Monheim; Linienverkehr tgl. rheinaufwärts, u. a. nach Königswinter und zum Drachenfels.
KölnTourist: 🗺 Karte 2, F 4, Konrad-Adenauer-Ufer, T 0221 12 16 00, www.koelntourist.net. Di–So ab 11.30 Uhr einstündige Panoramafahrten rheinaufwärts bis Rodenkirchen sowie diverse Sonder- und Thementouren. Ein besonderes Erlebnis ist die **Große Kölner Hafenrundfahrt** (Mai–Sept. Mi, Do, Fr 14 Uhr, März, April, Okt., Nov. sporadisch Fr, Sa, So, Dauer 3 Std.).
Personenfähre Strolch: 🗺 Karte 2, F 5, T 02236 59 53 53, https://weisbarth.de. Bei Events pendelt die Fähre zwischen Dom und Messe.

Rundfahrten und Führungen

Cologne Coach Service: 🗺 Karte 2, E 5, Burgmauer (neben KölnTourismus), T 0221 979 25 70, www.ccs-busreisen.de, tgl. 10–17. Uhr. Eineinhalbstündige kommentierte Stadtrundfahrten im roten oder gelben Doppeldeckerbus, der bei schönem Wetter zum Cabrio mutiert. Das HopOn-HopOff-Konzept ermöglicht es, an 14 Haltepunkten die Fahrt zu unterbrechen. Ticket ohne Fahrtunterbrechung 15 €, HopOn-HopOff-Ticket 18 € (24 Std. gültig), kombinierte HopOn-HopOff-Busfahrt und KD-Panoramaschiffstour 24 €.
inside Cologne – City Tours: T 0221 52 19 77, https://insidecologne.de. Führungen zu historischen u. kölschen Themen.
Kölner Frauengeschichtsverein: T 0221 24 82 65, https://frauengeschichtsverein.de/. Ob Hexenverfolgung oder Frauenzünfte des späten Mittelalters, auch Männer können hier Wissenswertes über das Leben von Frauen erfahren.
KölnTourismus: Kardinal-Höffner-Platz 1, T 0221 346 43-0, www.koelntourismus.de, Mo–Sa 9–20, So 10–17 Uhr. Öffentliche und individuelle Führungen, barrierefreie Führungen, geführte Radtouren, Erlebnistouren.
Online Architekturführer Köln: Auf fünf Spaziergängen und einer Radtour zeitgenössiche Bauten und Quartiere in der Rheinmetropole erkunden – auf dem Sofa oder unmittelbar vor Ort (https://architekturfuehrer.koeln).
Radtouren in und um Köln: Infos und Karten zu 16 Routen unter www.stadt-koeln.de (Leben in Köln, Ferien und Freizeit, Fahrradtouren).
RegioColonia: T 0221 965 45 95, www.regiocolonia.de. Ausflüge zu Kultur- und Naturerlebnissen in Köln und dem Kölner Umland.
Rikscha-Fahrten: U. a. Perpedalo (T 0221 60 47 89, www.perpedalo.de) oder Rikolonia (T 0176 24 77 24 29, https://rikolonia.de). Standort u. a. in Domnähe, 30 Min. ab 40 € für 2 Pers. Ganz entspannt Köln auf drei Rädern erleben.
Segway-Touren: U. a. Segway Point Köln (T 0221 42 35 77 39, www.segwaypoint-koeln.de) oder Seg Tour Köln (T 0221 27 26 05 97, www.seg-tour-koeln.de). Nach einer Einweisung kann man auf verschiedenen geführten Touren durch die Stadt rollen.
TimeRide: 🗺 Karte 2, E 5, Alter Markt 36–42, https://timeride.de/koeln. Neben der Zeitreise im Senseum (▶ S. 32) können Sie mit **TimeRide Go** zu einem kurzen Spaziergang mit Virtual-Reality-Brille aufbrechen und in 90 Min. 2000 Jahre Stadtgeschichte erleben oder in 60 Min. den Dom erkunden.
Verein Kölner Stadtführer: http://koelner-stadtfuehrer.de. Führungen zu historischen und kulturellen Themen – von Kölner Heilige bis Karneval –, teils auch in kölscher Mundart und in historischen Kostümen.
Wolters Bimmelbahnen: T 0221 709 99 70, www.bimmelbahnen.de, tgl. ca. 10–18 Uhr. Kommentierte Fahrten mit Schoko- und Zoo-Express zwischen Dom/KölnTourismus und dem Schokoladenmuseum bzw. dem Zoo. Einfache Fahrt 7 €, Rundfahrt mit Möglichkeit zur Fahrtunterbrechung 12 €.

O-Ton Köln

Et kütt wie et kütt

Es kommt, wie es kommt.
Eine der zwölf Regeln des Rheinischen Grundgesetzes

fringsen

nicht legal erwerben
Als Kardinal Frings im Winter 1946 den Kohlenraub aus Not billigte, war das Wort geboren.

Der Narrenruf bedeutet ›Lebe hoch!‹. Bloß nicht Helau rufen!

Zoch

Zug
Kostümumzug

Dringste eine met?

Trinkst du einen mit?
Der Kölner ist kommunikativ und gibt an der Theke – auch Wildfremden – ein Bier aus.

WIE ES ET? JOOT!

Wie geht es? Gut!
Typische Begrüßungsfloskeln

KÖLLE DU BES E JEFÖHL

Köln ist mehr als eine Stadt, es ist ein Gefühl.

Kamelle, Strüßjer!

Bonbons, Sträußchen!
Mit diesem Schlachtruf fordern die Jecken bei den Karnevalsumzügen ihren Obulus ein.

Tschö!

Tschüss!
Entstand aus dem Französischen ›adieu‹.

Bützje

Küsschen
Wangenkuss der freundschaftlichen Art, bekommen selbst Polizisten beim ›Zoch‹.

Köbes, e Kölsch un ne halve Hahn!

Bedienung, bitte ein Kölsch und ein Käsebrötchen!

Das Klima im Blick

Reisen bereichert und verbindet Menschen und Kulturen. Wer reist, erzeugt auch CO_2. Der Flugverkehr trägt in erheblichem Maße zur globalen Erwärmung bei. Wer das Klima schützen will, sollte sich – wenn möglich – für eine schonendere Reiseform entscheiden oder die Projekte von atmosfair unterstützen. Flugpassagiere spenden einen kilometerabhängigen Beitrag für die von ihnen verursachten Emissionen und finanzieren damit Projekte in Entwicklungsländern, die dort den Ausstoß von Klimagasen verringern helfen (www.atmosfair.de). Auch die Mitarbeiter des DuMont Reiseverlags fliegen mit atmosfair!